सागर की बूँदे

लेखिका
श्रीमती नैनी चावला

(तविंदर कौर चावला)

प्रकाशक
नोशन प्रेस मीडिया प्राइवेट लिमिटेड

Made with ♥ on the Notion Press Platform
www.notionpress.com

-प्यारी नैनी
को

खूबसूरत मन के प्रेम के झोंके जो तुम देती हो,
अत्याधिक आनंद-दायी होते हैं-

डॉ. इंदिरा दीवान
अहमदाबाद.

सागर की गहराई से कुछ शब्दरूपी बुँदे खोज कर लाई हूँ, जो मेरा तीसरा काव्य संग्रह 'सागर की बुँदे' नाम से प्रकाशित हो रहा हैं, उम्मीद करती हूँ- हमेशा की तरह आप सभी का प्यार और आशीर्वाद मिलेगा ।

लेखिका
- नैनी चावला

श्रीमति तविन्दर कौर चावला,

नैनी

बी-५१, सेनचुरी टावर,

बोड़कडेव, अहमदाबाद-३८००५४.

मोबाइल -: +९१ ९५३७८ ५४४४२

आशीर्वाद

मेरे प्यारे बच्चे गवनिश कौर और साहेब सिंघ के लिए:

मेरे बगिया में दो फूल खिले

एक गुलाबी मासूम कली, नाजुक सी कोमल कली,

दूसरा लाल-

जिसने मेरे जीवन की खुशियों का रंग भरा

मेरे जीवन में फूल ही फूल खिल गये,

मैं सोचती ही रह गई

इन पर कभी पतझड़ का साया न पड़े

यह-

हमेशा ऐसे ही खिलते रहे,

मुस्कुराते रहे ।

‘पति’ - मेरा सिरताज

(सरदार बलजीतसिंघ चावला)

‘पिता’ - परमेश्वर की तस्वीर

(सरदार जसवंतसिंघ मनचन्दा)

‘माता’ - अनमोल मोती

(सरदारनी गुणवन्तकौर मनचन्दा)

अनुक्रमणिका

अनुक्रमणिका

अनुक्रमणिका

अनुक्रमणिका

अनुक्रमणिका

अनुक्रमणिका

अनुक्रमणिका

अनुक्रमणिका

अनुक्रमणिका

अनुक्रमणिका

" अनमोल "

माँ - तू हैं ऐसी अनमोल जिसका कोई नहीं हैं मोल,
तेरी ममता हैं जीवन, तेरी ममता हैं कुरबानी ।

तेरा आँचल जीवन की तपती धूप की छाया,
तेरा आंचल, जिसका कोई नहीं हैं सानी ।

तेरी मुस्कान हर लेती हैं जीवन के सभी दुख-दर्द,
तेरी मुस्कान देती हैं, नया जीवन दान ।

तेरा आशीर्वाद लाता सब खुशहाली,
तेरे आशीर्वाद की करता रब भी रखवाली ।

तू हैं ऐसी अनमोल, जिसका कोई नही हैं मोल ।।

" कुछ शब्द "

क्या लिखू कुछ शब्द,
वह शब्द-
जो ना तुम कह सके
ना तुम सुन सके,
और
वह शब्द,
जो ना मैं कह सकी
ना मैं सुना सकी
वह शब्द,
जो ना शब्द बन सके,
ना आवाज बन सके,
बस दिल के किसी कोने मे दबकर रह गए,
वह शब्द,
जो खामोश होकर, गुम हो गए,
न कुछ कह सके,
न कुछ सुन सके,
बस-
सुनी आँखों से देखते रह गए ।

“ मोती ”

एक आँसू,
जो मोती बनकर, आँख के एक कौने में,
पलकों के पीछे छिपा रहा,
वो गिरने से डरता था,
क्योंकि
उसे संभालने वाला कोई न था,
वो मोती-
बडा कीमती था,
बिखरना नहीं चाहता था,
इसलिए-
पलकों की छाँव में छिप गया,
आँसू बनकर, वही ठहर गया ।

“ जिन्दगी ”

लड़खड़ाती, डगमगाती, जिन्दगी,
खामोश, तन्हा, जिन्दगी,
चलती, रुकती, जिन्दगी,
थकती, थमती, जिन्दगी,
यह असली जिन्दगी ।

" तन्हाई "

आज-
तन्हाई ने
अचानक आकर
मुझसे पूछा-
तुम्हारा ही नाम
" नैनी " हैं ना ?
क्या मुझसे दोस्ती करोगी ?
मैंने हंसते हुए पूछा-
क्या तुम दोस्ती निभा पाओगी ?

" सिलवटे "

हँसती-गाती सिलवटे,
मुसकुराती सिलवटे,
गुनगुनाती सिलवटे,
खामोश सिलवटे,
तन्हा-तन्हा सिलवटे,
सिसकती सिलवटे,
रुसवा हुई सिलवटे,
तुम्हारी कहानी बयां करती ये सिलवटे ।

" लाडली "

बाबुल तेरे आँगन मैं,
कुछ सपने सँजोए मैंने,
ले चली हु अपने साथ,
वह सपने जो थे मेरे अपने,
माँ की बाँहों मैं,
सोईं थी मैं,
पिता के कंधे पर सर रखकर,
रोई थी मैं,
दादा-दादी की "लाड़ली",
खुश रहो, सुखी रहो,
आशीर्वादों से जिन्होंने,
भर दी मेरी झोली,
छोटी बहन और भैया की प्यारी,
आँचल मैं समेटे प्यार,
ले चली हूँ अपने साथ,
कुछ सपने सँजोए मैंने,
बाबुल तेरे आँगन में ।

" प्रकाश "

मेरे जीवन दीपक में, हुआ प्रकाश आज ज्ञान का,
डाला गया उसमें आज तेल कर्मठता के वेग का,
भिगोई गई है उसमे बाती,
मेहनत, लगन, सच्चाई की,
जलेगा अब यह दीपक,
देगा दूसरों को प्रकाश,
सुनाएेगा उन्हें
जीवन संगीत,
मधुर संगीत,
हृदयस्पर्शी संगीत,
यह जग-जीवन दीपक का प्रकाश ।

" जिन्दगी की परीभाषा "

इक घाव हैं
जो रिसता रहता हैं,
इक सेज हैं
जो काँटों से भरी हैं,
इक फूल हैं
जो सुगंधित हैं,
इक दर्द हैं
जो बढ़ता जाता हैं
इक खील हैं
जो उभरती जाती हैं,
इक दरिया हैं
जो कीचड़ को सीने में दबाए रहता हैं,
इक सच हैं
जो अनबूझी प्यास के लिए तड़पती हैं,
हा, शायद, इसी का नाम जिन्दगी हैं ।

“ लम्हा ”

लम्हा-लम्हा गुजारते हैं, एक लम्हे के इंतज़ार में,
जिस लम्हे को पुकारते हुए, उसी लम्हे को पुकारते हुए ।
लम्हा-लम्हा गुजरता हैं, तुम्हारी याद में
उस लम्हे को चाहते हैं, जिस लम्हे में तुम हमारे पास हो ।
लम्हा-लम्हा गुजरता हैं, तुम्हारे इंतज़ार में,
जिस लम्हे मे तुम मिलों, उसी लम्हे का स्वप्न सजाते हैं ।
लम्हा-लम्हा गुजरता हैं, तुम्हारी याद में
उस लम्हे को चाहते हैं, जिस लम्हे में तुम हो साथ में ।
लम्हा-लम्हा गुजारा, तुम्हारे आने की आंस में,
जिस लम्हे में तुम पास हो उसी लम्हे की आंस में ।
लम्हा-लम्हा गुजरता हैं, तुम्हारी याद में
उस लम्हे को चाहते हैं, जिस लम्हे में तुम हो पास में,
लम्हा वह जल्द आए, बस उस इंतज़ार मैं ।

" गुनगुना "

धड़कनों की आवाज सुनी
खामोशियो की तन्हाईयों में,
लगा- जैसे कि
तुमने पुकारा हों,
मगर फिर
न जाने क्यों
लगा की जैसे
यहाँ कुछ भी तो नहीं
सिर्फ खामोश धड़कनो की
खामोश आवाजे
सुनाई दी,
गमगीन गीत
अचानक फिर
लबों पर
गुनगुना उठे ।

" राह "

आज भी टकटकी लगाए
कोई तुम्हारी राह देख रहा हैं,
हर एक आहट में
तुम्हारे ही आने की
आस क्यों होती हैं ?
तुम कभी पलट कर आओगे ।
शायद,
यह विश्वास अभी तक जीवित है ।

" एहसास "

जुदाई का एहसास
तो मिलन के बाद
ही महसूस होता है,
तड़पना,
सिसकना,
यह एहसास
मिलाप से तो
पहचाना नहीं जायेगा ।

" दरारे "

गहन अंधेरा छा गया
आज दिल की दुनिया पर,
हर ओर विरानी ही विरानी हैं,
दिल की दुनिया हैं यहाँ पर ?
फिर भी न जाने क्यूँ दिल
बार-बार टूटता हैं,
मानो-
कोई शीशे पर पत्थर मार रहा हो,
अनगिनत, दरारे पड़ गई हैं
मगर, टूटा नहीं हैं अभी तक
टूटने को बाकी बचा भी क्या हैं,
किरचे तो हाथ में चूमने लगी हैं ।

“ नयन ”

आज क्यूँ छलक पड़ा
मन का सावन,
शायद
याद किसी की आ गई,
रह न पाए नयन भी
बिन छलकाए,
याद किसी की आ गई ।

" दुआ "

दुआ देता हैं, यह दिल,
हर पल,
तुम,
दर्द-गम से दूर रहो,
सुख के पास में रहो,
मगर,
ऐसे आलम में
हम गमजार को
भूलना मत ।

“ विराना ”

आया है बुलावा
जाना ही होगा तुझे
इस भरे चमन को विरान करके,
दे जा कुछ इन्हे ऐसी यादें
फिर न करे यह कोई फ़रियाद तुमसे,
अरे मानव -
तुझे जाना हैं
खुदा के द्वार,
यह सच हैं कि,
फिर न होंगे
तेरे दीदार,
जा मानव तू जा,
रहेंगी तेरी याद
दिल के हर द्वार पर ।

“ वफा ”

काँटों की पगडंडी पर
लहूलुहान पाँव लिए चलते जाऐंगे
तुम्हारे लिए निशान छोड़ते जाऐंगे,
शायद तुम,
वापिस हमारे पास आ जाओ,
कभी ढूँढने आओ हमें ?
इस पल की आशा से
हर पल बिताते जाऐंगे,
बस तुम,
इन काँटों पर पैर न रखना,
बस यही दुआ दोहराते जाऐंगे ।

" मेरे मीत "

वह बूंद
जिसके लिए तड़पता हैं, चातक,
वह मौती
जिसे खोजता हैं, हंस
वह चाँद
जिसे पाने के लिए उड़ता रहता था, मन
तुमने मेरी झोली इन सबसे भर दी,
यह कर्ज में कैसे उतारूँगी
मेरे मीत ।

“ रूह ”

तुम्हारी बेरुखी तो
मेरी जान ले लेगी,
जुदाई का गम
दिल की गहराईयों में
समा गया है,
मुझे कंधा देने जरूर आना
वर्ना मेरी रूह भटकेगी ।

" बन्दे "

यह भगवान भी न जाने क्या करता हैं,
बैठा-बैठा बस किस्मत की लकीरें खींचता रहता हैं,
किसी को पत्तझड,
किसी को फूल ही फूल भर देता हैं,
किसी का जीवन
काँटों की सेज बना देता हैं,
कोई तो सावन में भी प्यासा रह जाता हैं,
कोई पत्तझड में भी हरा-भरा,
ऐ मेरे खुदा,
तू समद्रष्टि क्यों नहीं रखता,
सभी तो तेरे बन्दे हैं,
सभी तो तेरी इबादत करते हैं,
फिर यह असमानता क्यों ?
यह पीड़ा क्यों ?

" हँसना-रोना "

तुम्हें दुख दिया, मुझे दुख दिया,
इस जमाने ने सभी को दुख दिया,
किसी को बख्शा हैं ? न बख्शेगा
यह जमाना इस पर
हसना क्या ? रोना क्या ?
चाहे तुम आँसुओ का समुद्र भर दो,
चाहे तो व्योम को हिलाकर रख दो,
मगर-
इस जमाने ने
ना किसी को बख्शा हैं, न बख्शेगा ।

“ नन्ही मुस्कान ”

तारों-सी टिमटिमाती आंखे,
चाँद-सा गोल चेहरा,
स्वप्निल मुस्कान लिए,
तुम जो आई
मेरे जीवन में एक नया जीवन लेकर
लगा की जैसे मेरा बचपन लौट आया हो
मेरी बाहों में,
माँ की लॉरी, पिता का लाड़,
सब एक स्वप्न-सा लगता हैं,
लेकिन यह सच हैं,
फिर से जीवित हो उठता हैं,
मेरे जीवन में तुम्हारे आने से, मुस्कुराने से
तुम जो आई नन्ही मुस्कान लिए मेरे जीवन में ।

" प्रतिमा "

माँ, कल मैंने
सपने मे, तुम्हें देखा,
अरे तू तो मेरी ही प्रतिमा थी,
तुम्हें पूजने के लिए मेरे हाथ
यकायक स्थिर हो गये,
तू कहा लोप हो गई ?
मैं कहा ढूँढू, कैसे तुम्हें पाऊ ?
एक बार, बस एक बार बता दे माँ ।

" फरिश्ते "

जीने में अब क्या रखा हैं,
तू नहीं तो जिंदगी का अर्थ क्या हैं ?
जब जीना गुनाह हैं तो,
मौत की सज़ा से डरना क्या ?
हम तो मांगते हैं सजाए मौत,
मगर मांगने से तो कुछ मिलता नहीं हैं,
हर पल हम फरिशतों को ढूंढते रहते हैं,
कोई तो बताए वह मिलते कहाँ हैं ?

" अकेली "

राह वही थी, मगर
राही था न कोई ।
सूनी थी राहे,
धूप थी सुनहली,
न पास था कोई,
एहसास था लेकिन,
करीब ना था कोई ।

“ आसपास ”

याद पास है मेरे, इंतजार हैं साथ मेरे,
अकेली नहीं हूँ मैं ।
प्यार का एहसास हैं, आसपास मेरे,
वफ़ा साथ हैं मेरे,
अकेली नहीं हूँ मैं ।
पवन साथ हैं मेरे, फिजा साथ हैं मेरे,
अकेली नहीं हूँ मैं ।
तू हर पल पास हैं मेरे,
तेरी यादों का साँया, हर पल पास हैं मेरे,
अकेली नहीं हूँ मैं ।

" आदत "

कही ऐसा न हो कि, हँसते हँसते
फिर से रोना आ जाए,
यकीन मानो
इन आँखों को भी, होंठों के साथ-साथ
मुस्कुराने की आदत पड़ गई हैं ।

“ सपने ”

मन भरा रहा, गला रुँधा रहा,
आँखों से आँसू बहते रहे,
और कुछ सपने हम, खुली आँखों से देखते रहे,
जीवन के कुछ क्षण अपने आस-पास महसूस करते रहे ।

“ प्यार ”

प्यार को क्या नाम दूँ ?
पाक-पवित्र, बेबाक-सच्चा,
चुप-खामोश, इज़हार-इकरार,
प्यार-प्यार, बस प्यार चाहिए,
जो मात्र मेरा हो,
मेरे लिए हो,
जिसके साथ खुशनुमा प्यार हो,
जो जन्नत से आया हो,
बस मेरे लिए ।

" साया "

वह गुजरता पल,
न जाने कब
गुजरता कल बन गया
पीछे मुड़कर देखा तो
इक साया खड़ा
मुस्करा रहा था,
फिर.
वह गुजरता कल
न जाने
कब, कहाँ और कैसे
वह मेरा
हम साया बन गया ।

“ अक्सर ”

अकेले में
तुम सामने
आकर बैठ जाते हो,
अक्सर,
अकेले में
तुम सपने
सजाने बैठ जाते हो,
न सजाओ वह सपने
जो अपने होते हुए भी
हम अपना नहीं सकते,
न दिखाओ वह सपने
जो सामने तो हैं
पर देख नहीं सकते,
न बताओ वो सपने
जो भवनाओं में हैं
पर बता नहीं सकते,
न सजाओ वह सपने
जो सपने तो हैं
पर सच कभी हो नहीं सकते ।

“ पीड़ा ”

गम तो उठाते हैं मगर
अब थकते नहीं हैं,
थक गए हैं यह पाँव
मगर फिर भी रुकते नहीं हैं,
गिर-गिर कर सम्भलते हैं,
मगर फिर भी आगे बढ़ते नहीं हैं,
बस सच इतना ही हैं, की-
अब हम रुकते नहीं हैं ।

" कल्पना "

तस्वीर तेरी ख्वाबों मैं बनाते हैं,
तस्वीर तेरी ख्यालों मैं उतारते हैं,
कल्पना तो नहीं हैं यह
फिर-
ख्वाबों और ख्यालों मैं ही क्यों बनती हैं ?
कभी सामने तो आएं,
हमे गले से लगाएं ।

" व्योम "

आकाश बरस पड़ा
रो पड़ा,
न सह सका
विरह की अग्नि,
तपने लगी थी धरती
तभी तो व्योम मचल उठा ।

“ काँटे ”

ऐ राही,
तू थकना मत,
तू रुकना मत,
तू थमना मत,
चाहे राहों मे,
कितने ही कांटे क्यों ना आए,
एक दिन तेरे ही काँटों के बीच,
गुलाब खिलेंगे, मुस्कुराएंगे ।

" मेरे सिवा "

आसमां है मेरा आँचल
यह राहें हैं मेरी बाँहे
तुम जाओ मेरे सिवा
देखती हूँ कहा तक जाओगे
तुम मेरे सिवा ?
कलियाँ हैं मेरी मुस्कान,
गलियाँ हैं मेरी आहट,
तुम जाओ...... मेरे सिवा,
यह फिजा हैं मेरा स्पर्श,
यह दिशाए हैं मेरा निमंत्रण,
तुम जाओ...... मेरे सिवा,
यह बदली हैं मेरी जुल्फ़े,
यह बुँदे हैं मेरे आँसु,
तुम जाओ...... मेरे सिवा,
हर पल तुम्हें याद आएेगी
जब तुम होंगे तन्हा,
न जा पाओगे तुम
कही भी मेरे सिवा ।

" जल्दी "

तेरे जहान में जल्दी क्यों हैं ?
हर इंसान भागता क्यों हैं ?
जिसे देखो दौड़ता-दौड़ता जा रहा हैं,
यह एक लंबा सफर,
जो कभी खत्म नहीं होता,
इच्छा-पूर्ति के लिए
एक कौने से दूसरे कौने तक,
एक सिरे- से- दुसरे सिरे तक,
केवल भागते रहना ही जिन्दगी हैं ।

“ समझ ”

तुम कभी भी
किसी को तो
खुश नहीं कर पाए,
फिर तुम्हारा जन्म लेना
व्यर्थ ही गया,
तुम धरती पर बोझ ही रहे,
जो तुम किसी को
समझ भी न पाए ।

" चाहना "

चाँद-चकोर का मिलन
न हो पाया कभी,
तड़पते ही रहे,
तरसते ही रहे,
मगर,
प्यार-
त्याग, बलिदान चाहता हैं,
ऐ चाँद-
कुछ तो मदद कर,
देकर लोरी,
बुला ले,
दर्द के एहसास को
अपने करीब से
हमको करीब कर ।

" अँगारा "

मत जलाओ दुनिया वालों
तुम,
दिल जलों को इतना,
कहीं ऐसा
न हो कि
जलता हुआ यह अंगारा
तुम्हारे ही दामन पर
आ गिरे ।

" मुरझाया फूल "

चाँद के जाने के बाद
उसकी चाँदनी की जरूरत पड़ती है,
सूरज के जाने के बाद
उसकी रोशनी की जरूरत पड़ती है,
तारों की जगमगाहट
झुरमुट से हटकर की जाती हैं,
मैं तो डाली से टूटा
एक मुरझाया फूल हूँ,
तुम्हें भी मेरी कदर
मेरे जाने के बाद ही होगी ।

" शोर "

सन्नाटे का शोर,
खामोशी का शोर,
यादों का शोर,
वादों का शोर,
तन्हाई का शोर,
हर तरफ शोर,
हर जगह शोर ।

“ तारा ”

एक सिमटा-सा तारा
धीमे-धीमे, नजदीक आकर
कह गया,
तू टिमटिमाता रहे,
जगमगाता रहे,
आबाद रहे,
आजाद रहे,
मुसकुराता रहे ।

“ आदत ”

आँखों मे आँसु
छुपाने की
आदत-सी
पड़ गई हैं,
होंठों पर मुस्कुराहट-
लाने की आदत-सी
पड़ गई हैं,
अपने दर्द को
अपने सीने से
लगाने की मोहब्बत-सी
हो गई है ।

" दुल्हन "

नीली साड़ी,
लाल पल्लु ओढ़े,
वह देखो,
दुल्हन चली,
अपने प्रियतम से मिलने,
मुख मंडल-
ऐसे चमक रहा हैं,
जैसे-
चाँद चमक रहा हैं,
लज्जा भरे नयनों से-
इधर-उधर तकते
छुपते-छुपाते,
ढूँढ रही हैं
अपने प्रियतम को ।

" विधवा "

वह देखो-
उस विधवा का सिन्दूर पुछ गया,
अनन्त आकाश से जीवन में,
उसे देख पंछी भी उड़ गया,
मगर, उसके मुख पर शीतलता हैं कैसी,
अब, ना किसी की चाह हैं,
ना किसी का इन्तजार हैं ।

" सीख "

लौ जलती है
रोशनी देती हैं दूसरों को,
शमाँ जल-जल कर
आगाह करती है
परवानों को,
सूरज जलता है
रोशनी देता है
दुसरों को,
चाँद का प्रकाश
आगाह करता है-चकोर को,
सीखो- तुम भी,
हे ! मानव,
इनसे ही कुछ सिख सीखो,
क्यों न हम रोश्नी बने ।

" बन्द खिडकी "

वह बन्द खिड़की
जिसके एक ओर नीला परदा,
दूसरी ओर पीली रौशनी
झलक रही थी,
उसी के साये तलें
सिमटी बैठी
वह पढ़ रही थी,
शायद- समय गुजार रही थी,
मौन व्रत-धारण किए
अपना भविष्य खोज रही थी,
हाँ,
वही बन्द खिड़की
जिसके एक ओर नीला परदा,
दूसरी ओर पीली रौशनी,
पूरी आभा से झलक रही थी ।

" पतझड़ "

लो फिर एक फूल टूट गया,
गिर गया, समा गया धूल में,
लगा कि-
पतझड़ आ गया
उस डाल पर, सभी गुल
बेताब हैं, बेकाबू हैं,
कौन समझाए इनको
बहारों के मौसम के बाद
पतझड़ ही आता हैं ।

" स्वयँ "

जीवन धारा चलती ही जाती हैं, पर कभी
मंजिल तक नहीं पहुचती हैं,
कश्ती - साहिल से टकराती हैं,
मौजें - किनारा ढूंढती रह जाती हैं,
फूल - रोज खिलते हैं, सुगंध देते हैं, लेकिन, क्यों ?
देवी के चरणों तक नहीं पहुच पाते,
धूल में कुचल दिए जाते हैं,
चकोर - कब चाँद से मिल पाता हैं,
सूरज क्यों सदा आग ही बरसाता हैं,
यह ही तो जिन्दगी हैं-
जिसमे इन्सान सिर्फ पल - पल घुलता जाता है,
कुछ पाने की इच्छा में
पता नहीं क्यों भावुक होता जाता हैं,
स्वयं से स्वयं को खोकर
एक दिन मिट्‌टी में मिल जाता है ।

" आशा "

तपस्या सफल होगी
इसी आशा में तो
अभी तक जिन्दा हूँ,
जिन्दगी कभी तो
लाल-गुलाबी रंगों से भरेगी इसी आशा में तो
अभी तक जिन्दा हूँ,
काली अंधेरी रात
कभी तो अपना अन्त लाएगी
इसी आशा में तो
अभी तक जिन्दा हूँ,
जिन्दगी की लालिमा
कभी तो सुंदरता फैलाएगी
इसी आशा में तो
अभी तक जिन्दा हूँ ।

" पुर्नजन्म "

पुनॅजन्म हुआ,
मेरा आज,
मेरी कविता का
मैने इसी जन्म में फिर से,
नया जन्म पा लिया,
शब्दों को भक्ति मिले,
मन को कल्पना की दौड़ मिले,
पुनॅजन्म को शब्दों की गहनता मिले,
जीवन को प्यार की सांझेदारी मिले,
सचमुच,
मैंने तो इसी जन्म में
नया जन्म पा लिया ।

" रंगीनी "

उस दिन-
सफर करते हुए, अनेक भाषाओं,
अनेक रंग-बिरंगी झनकारों, अनेक वस्त्रों, रंगों,
अनेक पीढ़ियों, से अचानक मुलाकात हुई,
सभी अपना-अपना व्यक्तित्व-अपने में समेटे हुए
अपनी मौन भाषा में अपनी कहानी, अपनी जुबानी,
एक दूसरे को सुना रहे थे, सभी आवाजे
अपना-अपना स्वर लिए हुए
अपनी खुशियों एवं गमों के समुद्र का मंथन कर रही थी,
सभी में तेज था, उत्साह था,
सभी खुशी के मारे इठला रहे थे ।

" विराम "

जिन्दगी हैं - कश्मकश,
जिन्दगी हैं - कश्मकश,
भागते जाओ, दौड़ते जाओ, कही विराम नहीं,
लेकिन हाँ- दौड़ते जाओ, भागते जाओ,
कभी तो इस लम्बी दौड़ में तुम
अव्वल आओगे,
शायद- कभी मंजिल भी भूल जाओगे,
रास्ता खो जाएगा, अंधेरा छा जाऐगा चारों ओर,
लेकिन कहीं तो रौशनी की किरणें जगमगाऐंगी,
वह जिन्दगी तुम्हारी होगी,
जो खुशियों का उजाला लाऐगी, इस तूफ़ानी सेलाबी रात में,
कभी तो तुम्हारी जिन्दगी मुस्कुराऐगी,
कभी तो तुम अव्वल आओगे ।

“ गुण ”

पानी, बहता पानी
विश्व को अपनी बाहों से बहा कर ले जाए,
लहरें, उठती गिरती लहरें,
जानते हो, सब कुछ समा जाए इसमें ?
आसमाँ, खुला आसमाँ, तो क्या,
सूरज-चाँद तारे भी समा जाए,
इस अस्तित्व में,
क्या,
तुम कोई एक गुण दोगे मुझे ?
अपना गुण, तुम्हारा गुण !
मैं भी जिन्दगी की दास्ता
अपने आँचल में समेट कर
अपने में समा लूँ,
मैं भी कल्पनाओं एवं खुशियों के
भंवर में बार-बार गोते खालूँ ?

" सामान्य "

कौन नहीं सजाता-सपने ?
अरमान,
किसके दिल में नहीं हैं
अरमानों की थैली ?
कौन नहीं चाहता खुशियों का अम्बार !
लेकिन मत भूलो,
किस्मत वालों की झोली में ही,
सपनों के सीप, अरमानों के मोती,
और
खुशियों के रंगों का
आगमन होता हैं,
इसीलिए,
सामान्य के लिए सपना होता हैं ।

" घना अंधेरा "

न यकीन होगा - अब मुझे,
इस सुनहली, रुपहली, धूप पर,
जो आती तो
पल-भर के लिए हैं,
मगर-
सदियों का घना अंधेरा
साथ लाती हैं ।

“ रौशनी ”

चिराग जला लो दिल में,
आँसुओ का तेल डालकर,
मजबूरियाँ की लौ बनाकर,
तुम्हारा दिया तो जलता रहेगा,
विश्वास करो
रौशनी
तुम्हारे पास नहीं होगी ।

" खुशी के पल "

माँ तेरे दूध का कर्ज कैसे उतारूगी ?
तेरे सपनों को मैं पूरा कैसे करूंगी ?
उन अधूरे सपनों को
जो तूने
अपने से सींच कर,
माँ मुझ तक पहूँचाए हैं,
मैं तेरी अधरों की मुस्कुराहट
कैसे लौटाऊँगी,
मैं तेरी नम आँखों को
मुस्कुराहट के,
खुशी के पल दे सकूँगी ?
" माँ "

" राही "

इंम्तिहाँ देता जा
ऐ राही,
तुझे मंजिल जरूर मिलेगी,
तू कभी रुकना नहीं,
काँटों को चुनता जा
अपनी राहों से,
कभी तो फूल खिलेंगे,
तेरी मंजिल कभी तो
तुझे मिलेगी ।

“ अर्थहीन ”

उसके बाल थे
जैसे-
जंगली घास
बिना जरूरत के उगी हो,
उसका मुख था
जैसे
बुझता हुआ दिया
बिना तेल के झपझपाती लौ,
उसके कपड़े थे ऐसे
जैसे धोबी की गठरी,
और- वह,
उसका शरीर था जैसे,
पतझड़ का पेड़
बुझा,मुरझाया, अर्थहीन,
हाँ-
वह आदमी था ।

" न्याय "

ऐ मालिक
यह हाथ
उठे रहेंगे तेरे दर पर,
तुझसे मांगते हैं न्याय,
यह दामन फैला रहेगा
तेरे दर पर,
जब तक तू न देगा
न्याय,
यह अविरल धारा बहती रहेगी
जब तक न होगा न्याय ।

" सृष्टि "

कलम जो पकड़ी
सारी दुनियाँ समेट ली,
जी चाहा उड़ जाऊँ
उड़ती-जाऊँ,
उड़ती-जाऊँ,
सारी सृष्टि में समा जाऊँ,
या फिर
सारी सृष्टि
अपने में समेट लूँ ।

" हैवानियत "

वीरान आसमाँ में-
ताल, तबला, सारंगी
शुरू होती है,
देवी की प्रतिमा को
घुँघरू पहनाए जाते है,
खुदा के बंदे,
घूरती आंखे,
अतृप्त अधरे,
और-
लार टपकती जुबान से अपनी
हैवानियत को प्रकट करते है
और पोह फटते ही -
अपने दामन में
छुपे दाग को
सूरज की पहली किरण से
साफ कर,
उसे बेदाग बना देते हैं
यह समाज के
ठेकेदार कहलाते हैं ।

" वेदना स्वर "

वेदना स्वर,
बहुत ही द्रवित करता रहा,
आज कुछ काम हुआ
कहीं से कोई किरण दिखी,
और ज्वालामुखी कम होता,
नीचे उतरता, घटता
दिखाई दिया,
ऐसे लगता था, जैसे
ज्वालामुखी का समुद्र
जीवन से भर गया हो,
जीवन सिर्फ
वेदना स्वर
ही रह गया हो,
एक कटु ओर सिर्फ कटु स्वाद,
परन्तु नहीं ऐसा नहीं हे,
उजाला होगा, जरूर होगा,
तूफान शान्त होगा, नई किरण उभरेगी ।

“ अन्जान ”

मैं जानती हूँ, यह अन्जान पगडंडी,
मुझे अन्जान, अंधेरे रास्ते पर ले जाएगी,
फिर भी-न जाने क्यों ?
जानते हुए भी,
अंधेरे में-
चलती जा रही हूँ ।

“ बोझ ”

थक गई हुँ,
जिन्दगी का बोझ
उठा उठाकर
अब तो कांधे भी
साथ नहीं देते हैं ।

" बहार "

क्यों जिन्दगी
विरानी का
पतझड़ छोड़ गई
मेरे लिए ?
अरे,
इतना हँसो
कि,
हँसते ही
बहार आ जाए
मेरे पास ।

" जीने दो "

जिन्दगी तुम्हारा
इन्तजार कर रही है,
जिओ और
जीने दो,
चारों तरफ
बहार ही बहार है,
क्यों फूलों
को मुस्कुराने
से रोकते हो ।

" स्वागत "

भूल जाओ,
कभी काली रात
तुम्हारी जिन्दगी में
आई थी,
नई सुबह का
स्वागत करो,
हर नई सुबह
तुम्हारा स्वागत करती है,
जाओ-
उसे गले से
लगा लो ।

“ तुम्हारा ”

तुम्हारा दिल दुखाने का
मेरा मकसद नहीं था,
बस-
वक्त का तकाज़ा था,
समय निकलता गया,
गलती होती गई,
और-
तुम भी
मुक नहीं
बुत बन गए ।

" गुड़िया "

माँ,
मैं तेरी गुड़िया
कब गुड्डे गुड्डी
का खेल-खेलते,
सावन के झूले- झूलते
बचपन से जवानी
की दहलीज
पर आ गई,
मैं आपकी गुड़िया से,
कब इतनी बड़ी हो गई
कि, गुड्डे-गुड्डी का ब्याह रचाते
आज मेरी हथेली पर
मेंहदी लग गई
और मेरी डोली सज गई,
आज आपकी गुड़िया लेने
गुड्डा आ गया
मैं आज अपनी से पराई हो गई,
विदा हो गई, विदा हो गई ।

" दुल्हन "

यह आसमाँ का रंग लाल हो गया है,
जैसे दुल्हन सज-संवरकर
आ रही हो,
यह आसमाँ का रंग सुनहरी हो गया है,
जैसे दुल्हन डोली मैं बैठकर
जा रही हो ।

“ दामन ”

मुझे दूर क्यूँ किया, अपनी ममता से मेरी माँ,
तुम पर इतना बोझ बन गई थी ?
मैं तो तुम्हारी आँखों में इतना समाई थी,
फिर, आँसु बनाकर,
मुझे- आँखों से क्यों बहाँ दिया,
मैं तरसती हूँ, तड़पती हूँ,
तुम्हारी ममता के लिए,
मुझे अपने पास बुला लो,
मुझे अपने दामन में छिपा लो - माँ,
ऐ माँ,
मेरी माँ ।

" नीला आसमाँ "

यह नीला आसमां
यह फैला आसमां,
यह प्यार की चादर ओढ़े
खुला आसमां,
यह चाँद-तारे
समेटे हुए आसमां,
यह सूरज की रोशनी
फैलाता हुआ आसमां,
यह तारों से टिमटिमाता
जगमगाता आसमां,
यह प्यार देता
खुशबू बांटता आसमां,
यह रौशनी से भरा आसमां
यह भरपूर जिन्दगी देता आसमां ।

“ परछाई ”

एक पगडंडी
खुली, खाली, सुनसान,
न कोई राही,
न कोई साथी,
बस एक परछाई,
चल रही है,
न किसी के कदमों की आहट,
न किसी के आने की उम्मीद,
बस- एक अकेली परछाई,
चल रही है ।

“ अकेला ”

तेरी दुनियाँ से अब
जी उठ गया है,
मुझे-अपने पास
बुला ले,
कोई भी तो
मेरा नहीं है,
हर साँझ-सवेरा
अकेला है,
दूर-दूर तक
कहीं कोई
साथी-राही
नहीं है ।

" आसमाँ "

कहां है मेरा आसमाँ
मेरा नीला आसमाँ
वह नीली चादर
वह नीली छत
ऐ आसमाँ वाले
बता-
कहाँ है मेरा आसमाँ ?

“ स्वप्न ”

जब आंखे खोलती हूँ
तो खुली आँखों से
सपने देखती हूँ ।
जब आंखे मुंदती हूँ
तो बन्द आंखो से
सपने देखती हूँ ।
कितने अजीब हैं- यह स्वप्न
सच मानिए,
खुद इसमे डूब जाती हूँ ।

" मोड़ "

उस मोड़ पर
मैं और तुम
कब
हम बन गए,
इस मोड़ पर
हम
कब
मैं और तुम
बन गए ।

" परछाईयाँ "

सूरज डूब रहा है,
परछाईयाँ फीकी हो रही हैं,
कुछ थमती,
कुछ रुकती,
कुछ चलती,
उसमे-
कुछ तुम्हारी हैं,
कुछ हमारी हैं,
कभी नजदीक आती हैं,
कभी दूर जाती हैं,
परछाईयाँ दिख रही हैं,
जबकि-
सूरज डूब रहा हैं ।

“ जिन्दा ”

अगर सांस लेने को
जिन्दा रहना कहते हैं,
तो हाँ मैं जी रही हूँ,
एक काया का भार उठाए
इधर से उधर,
उधर से इधर,
चल रही हूँ,
हाँ मैं जी रही हूँ ।

“ दोस्त ”

दोस्ती न सही,
नफरत ही निभाने के लिए आ,
खुशी न सही,
गम ही निभाने के लिए आ,
वफ़ा न सही,
जफ़ा ही निभाने के लिए आ,
रफीक न सही,
रकीब ही बन कर आ,
एक बार तो आ ।

" मैला "

दुनिया न समझ पाई
प्यार के माने,
मैली नजरों से ही देखती हैं,
मैला आँचल कर देती है,
दिल तार-तार कर देती है ।

" ममता "

ममता पर लिखी कविता
खो गई,
लेकिन-
ममता नहीं खोई,
मैं फिर से
कविता रचूँगी,
अपनी
खोई ममता
को ढूँढने के लिए ।

" आँचल "

अब क्या रह गया है,
जीने के लिए,
दूर-दूर, तक कोई
किनारा नहीं दिखाई देता है,
यह जिन्दगी की कश्ती
भँवर में फंसती
जा रही है,
कब, "ऐ खुदा" -
तेरी महर होगी,
तुझे अपनी इस
बेटी पर रहम आऐगा ?
मुझे डूबने से बचा ले,
"ऐ खुदा" -
तेरी यह बेटी, तुझ पर नजर टिकाए,
हाथ फैलाए, - खड़ी है,
"ऐ खुदा" - आ जा
अपनी इस बेटी को
सम्भाल ले,
अपने आँचल में- ले- ले ।

" थके पग "

यह जीवन-
तो यूँ ही
एक लम्बी-
कभी न खत्म होने वाली
पगडंडी की तरह-
चलता ही जा रहा है,
न कोई मोड़,
न कोई साया,
न ही घाँव,
बस यूँ ही-
अकेले,
थके पग,
चलते ही जा रहे हैं
चलते ही जा रहे हैं ।

" पथ "

यह किस पथ पर
चल पडे हैं हम,
जहां-
कुछ यादे साथ चलेगी,
कुछ वादे- सिमटे से,
दिखाई देंगे,
कुछ तन्हा-तन्हा मोड़
भी आऐंगे,
ओर
खामोशी चुपके से आकर कहेगी,
तू बस चलता चल,
चलता ही चल,
तेरा खुदा तेरे साथ है ।

" वजुद "

तुम मुझे मत बुलाया करो,
तुम्हें ना कहना मेरी फितरत नहीं,
तुमसे ना कहना तो मेरा वजूद नहीं,
मेरे मन की छिपी खुशी है ।

" आहट "

जरा-सी आहट से भी
सहम जाती हूँ,
डर लगता है-
कि,
कहीं प्यार के दुश्मन-
न-आ जाए,
सच माने
डर लगता है
अपनी परछाई से ।

" तन्हाँ-तन्हाँ "

हर लम्हा तन्हां
हर शख्स तन्हां,
हर राह तन्हां
हर राही तन्हां,
हर सुबह तन्हां
हर शाम तन्हां,
हर पल तन्हां
हर लम्हा तन्हां ।

" जहान "

ऐ चाँद,
कल,
तुम फिर
आसमां पर आओगे,
मुझे न देख पाओगे,
तुम हैरान मत होना,
परेशान मत होना,
मैं जानती हूँ,
तुम-चाँदनी फैलाए,
बादलों में छिपते- फिरोगे,
मुस्कुराते हुए,
मुझे ढूँढ ही लोगे,
हम फिर से,
तारों के झुरमुर में-
अपना एक- नया आसमाँ ढूँढ लेंगे
अपना एक- नया जहान बसा लेंगे ।

“ पायल ”

तुमसे किसने कहा- कि,
पायल का हर घुँघरू
मुस्कुरा रहा है
गुनमुना रहा है,
कोई सिसक रहा है
तो किसी का
जख्म रिस रहा है,
कोई रुसवा कर दिया
जाता है,
कोई ठुकरा दिया
जाता है,
कोई गमगीन
कहीं अंधेरे में-
फिर-
एक नए सूरज की
राह देख रहा होता है ।

" मॉसी "

मॉसी -माँ जैसी
हाँ- माँ जैसी तो होती है मॉसी,
माँ की परछाई होती है मॉसी,
मॉसी की गोद भी तो- माँ जैसी होती है,
मॉसी- बड़ी बहन का एहसास होती है,
सहेली-सी प्रिय होती है,
मॉसी- घर की रौनक होती है,
मामा के कलाई की राखी होती है,
मॉसी- दिल से याद करने वाली,
दिल को समझने वाली,
दिल को राहत पहूँचाने वाली होती है,
मॉसी- हम बच्चों की ढाल होती है,
मोतियों का थाल होती है,
मॉसी- हमारी प्रेरणा होती है,
हमे जीने की राह दिखाती है,
हमारे सुख-दुख में, खुशी-गम में
हमारे साथ आँसु भी बहाती है,
हाँ- मॉसी, माँ जैसी होती है ।

" आखिरी सफर "

चार कांधे जब उठाएंगे
तो वो आखिरी सफर होगा तेरा,
उस सफर पर कांटे न चुभे तुझे
तो इस सफर पर कर ले सवेरा,
इस जहां में रौशनी फैला दे,
खुशबू बिखेर दे, इक दम में,
हर गम पी जा,बाती बन कर
खुद को जला दे,
इस जहां में कर दे उजाला
मिटा दे हर अंधेरा,
इस सफर में किसी का
सूनापन, अकेलापन,
दूर कर जा-
एक शम्मा प्रेम की जला जा,
चार कांधे जब उठाएंगे
तो वो आखिरी सफर होगा तेरा ।

" ऐ मानव "

काले घने बादलों में
इक चांदी की तार देखकर
चेहरे पे मुस्कान आ गई,
अब तो, उठ रे इन्सान-
तुझे जगाने
सूरज की इक किरण आ गई,
उठ, ऐ मानव-
चल, चल चलता चल
लम्बी काली रात
अब खत्म हुई ।

" छोर "

अनथकी पगडंडी पर
थके पाँव
रुक- रुककर
चले जा रहे थे,
उस छोर की ओर,
जो,
और नजदीक आते
तो दिखता था,
पर जिसका कभी
छोर, उस ओर
कभी आते न दिखता था,
फिर भी,
ये थके पाँव,
रुक- रुककर
चले जा रहे थे,
उस छोर की ओर,
जो कभी
नजदीक ही न था ।

" धरती "

वही नीला आसमां है,
वही सुनहले बादल है,
पंछी अपने घरों की ओर जा रहे हैं
डूबता सूरज भी तो अपने घर
ही जा रहा है, वह घर जहां
हर कोई धरती माँ की गोद में सोएगा,
आसमां का नीला आँचल ओढ़कर,
फिर नई सुबह होगी,
पंछी चहचहाऐंगे,
सूरज भी रौशनी फैलाएगा,
और फिर वहीं खिलखिला
दिन-रात, रात-दिन का चलता रहेगा,
ये कभी न रुकने वाला चक्र
यूँ ही चलता जाऐगा,
चलता रहेगा ।

" माँ "

प्यार की मूरत, जिसे कहते हैं,
वह माँ होती हैं,
दिल के अन्दर, जो झाँकती हैं,
वह माँ होती हैं,
आँखों से जो, दिल की किताब पढ़ती हैं,
वह माँ होती हैं,
हजारों मिल दूर बैठी जो, उदासीनता को भाँप लेती हैं,
वह माँ होती हैं,
दिल के जख्मों पर, जो आँसु बहाती हैं,
वह माँ होती हैं,
दूर बैठी, दुआएँ देती हैं,
वह माँ होती हैं,
रात-रात भर जाग कर, जो अपना दूध पिलाती हैं,
वह माँ होती हैं,
अपने सभी सुख बाँटकर, अपने आँचल में दुख समेटती हैं,
वह माँ होती हैं,
ममता से भरी, प्यार श्रद्धा की मूरत, माँ सिर्फ माँ
माँ ही होती हैं ।

" हवा का झोंका "

एक हवा का झोंका, मेरे कमरे में से गुजरा,
यूँ एहसास हुआ, जैसे- मेरी माँ, मेरे कमरे में से गुजर कर गई,
मेरे कमरे में एक कोने में, एक गठरी पड़ी थी,
वो यूँ आई, और, मेरे काँधों का बोझ उठाकर ले गई,
पलंग पर कुछ सामान बिखरा पड़ा था,
हवा के झोंके के साथ सब समेट- कर- अपनी खुशबू बिखेर गई,
चादर पर पड़ी सिलवटे, वो समझ गई, मेरे माथे पर पड़ी,
परेशानियों की लकीरों, को
वो जाने कैसे- एक क्षण में ही भाँप गई,
और अपनी नरम हथेलियों से उन्हें भी जमा गई,
खुशी की लहर दौड़ गई, आंखे नम और होंठ मौन हो गए,
वो हवा का झोंका, और कोई नहीं- माँ का आशीर्वाद बनकर आया,
जब मेरी माँ, मेरे कमरे में से गुजर कर गई ।

" एक खत "

एक खत जो लिखा माँ को किस पते पर भेजू,
सब कहते हैं, मम्मी तो पापा के पास चली गई हैं,
पापा भी तो पता, नहीं बता गए,
अब ये खत मैं,किस पते पर भेजू,
तो लो, मम्मी-पापा, मैं ही इन हवाओं को
ये खत पढ़ कर सुना देती हूँ, जो आप दोनों को,
मेरा संदेशा पहुँचा देंगी, बहुत याद आती है,
बचपन की किलकारियों की, जब पापा रंग-बिरंगे गुब्बारे लाते थे,
बहुत डर लगता है, जब बिजली चमकती है, बादल गरजते हैं,
माँ की गोद में छुप जाती थी, बहुत रोकती हूँ इन बूंदों को,
पर ये पलकों से छिपते-छिपाते, गालों तक पहुँच ही जाती हैं,
मैं सब के साथ हूँ, फिर भी तन्हा हूँ,
आपका आशीर्वाद मेरे साथ हैं, आपकी परछाई,
आपका साया बनकर, मेरे साथ चल रहा है,
यही आपकी दी दौलत मेरे साथ है, मेरे पास है ।

" मोती "

यह धरती तो गोल है, आसमान भी तो नीला है,
चाँद ही तो चांदी की थाली है, तारे चमकते जुगनू है,
जहां भी जाओ-जहान मैं, पत्ते हरे हैं, मिट्टी-धूल भूरी है,
फुल रंग-बिरंगे है, पानी में जो रंग मिलाओ,
पानी तो पानी ही है, उसी रंग में रंग जाता है,
पहाड़ अपना सीस उठाए खड़े हैं,
बादल, नीले आसमां को छूने के लिए-
ऊपर और ऊपर बढ़ते ही जा रहे हैं,
ओंस की बुँदे भी तो, पत्तों पर चमकते मोती हैं,
जब कुदरत ने, कहीं कोई फर्क नहीं किया,
तो ऐ बन्दे- तू क्यों रिश्तों में फर्क करता जा रहा है,
तू भी- सीस उठाकर, आगे बढ़ता चल,
एक दिन कामयाबी के मोती तू भी पा जाएेगा ।

" उम्मीद की किरण "

राह देखते-देखते
राह और लम्बी हो गई,
दूर तक न
कोई साया,
न परछाई,
राह देखते-देखते,
आंखे भी नम हो गई,
शब्द भी मौन हो गए,
रह गई तनहाई,
राह देखते-देखते तुम कहीं नजर आओगे,
थके पग भी इस आस पर चलते रहे,
राह देखते-देखते
दिन से रात और रात से दिन, यूं ही गुजरते रहे,
राह देखते-देखते उम्मीद की किरण
राह देती रही, राह देखते-देखते ।

" पल "

ये कल ही की तो बात है
जब तुम आई मेरे आँगन में,
जब इक कली मुस्काई मेरी बगिया में,
ये कल ही की बात है, जब तुमने माँ कहा मुझे,
जब ऊँगली पकड़कर चलना सीखा तुमने,
ये कल ही की तो बात है
जब तुम्हारी किलकारियों ने रंग भर दिए मेरे जीवन में,
ये कल ही की तो बात है, जब हँसना-रोना,
गिरना-सम्भलना सीखा तुमने,
ये पल ही की तो बात है
जब की चाँद की डोली
तारों से सजाकर
लेने आया
तुम्हारा प्रीत तुम्हें
ये पल ही की तो बात है,
जब अपने से दूर जाते देखा मैंने तुम्हें
ये पल ही की तो बात है ।

" सरहद "

मेरे पिता सरहद पर खड़े हैं
तो ही तो मैं सुरक्षित हूँ,
मेरे भैया सरहद पर रक्षा कर रहें हैं
तो ही तो मैं रक्षाबंधन माना रही हूँ,
मेरे पति सरहद पर तिरंगा लहरा रहे हैं,
तो ही तो मैं मांग में सिंदूर भर रही हूँ,
मेरे पुत्र सरहद पर खड़े हैं
तो ही तो मैं स्वतंत्रता-दिवस मना रही हूँ,
ऐ देशवासियों, मैं इनको कोटी-कोटी नमन करती हूँ,
आप भी इन्हे शत-शत प्रणाम करें,
इन्ही की कुरबानियों से हम आज स्वत्रता-दिवस मना रहे हैं,
इन्हे न भूले ना भुलाएं,
अपने बच्चों को इन्ही की तरह बहादुर बनाएं,
देश-प्रेम सिखाएं और मेरे साथ-नारा लगाएं,
जय हिन्द,
जय हिन्द,
जय हिन्द ।

" सुबह "

मैं जब सुबह को उठाने चली,
धीमे-धीमे अंधेरे की चादर उतारने लगी,
सुबह मुस्कुरा उठी, धीमी-धीमी मन्द-मन्द हवा,
आँचल की तरह लहरा उठी,चिड़िया चहचाने लगी,
मोर, पीयूँ-पीयूँ पुकारने लगे, तारे भी सिमट गए,
माँ के आँचल में छिप गए, चाँद को भी साथ ले चले,
नया सवेरा, नया जीवन, नई मुस्कान लाएगा,
अंधेरा छंट जाने पर,
कल आज और आज कल में, फिर बदल जाएगा,
मैं जब सुबह को उठाने चली, धीमे-धीमे अंधेरे की चादर उतारने लगी,
धरती पर हरी चादर बिछ गई- सफेद, लाल, पीले, फुल खिलने लगे-
जिन पर ओंस की बुँदे आकर बैठ गई,
कुछ बिखर गई, कुछ सिमट गई,
हर ओर जैसे सुगंध फैल गई, आसमां का रंग भी खुशबूदार हो गया,
खुशी से सतरंगी हो गया, जैसे ही सूरज ने
मुँह उठाया- सूरजमुखी भी खिल उठा,
सब तरफ रब का आशीर्वाद फैल गया, मैं जब सुबह को उठाने चली,
धीमे- धीमे- अंधेरे की चादर उतारने लगी ।

" मुनि "

युगों-युगों से खड़े- ये पहाड़,
न जाने किसका कर रहें हैं, इंतजार,
कोई सुनता नहीं, इनकी चीख- पुकार,
ये चिल्ला-चिल्लाकर कह रहे है,
हमें भी मुक्ति चाहिए, न जाने क्यों हैं ये श्रापित,
किस मुनि का कर रहे हैं इंतजार,
और अब तो इनकी चीखना-चिल्लाना
सब खामोश हो गए हैं,
इन्होंने भी अपना मुक्कदर कबुल कर लिया है,
शीत लहर में सफेद बर्फ की चादर ओढ़ लेते हैं,
तो- उष्ण में पिघलने लगते हैं,
पानी की धारा की तरह बहने लगते हैं,
बरसात में हरियाली ले आते हैं,
तरह तरह के फूल खिल जाते हैं,
और फिर से ये काली-चट्टानें, खूबसूरत लगने लगती हैं,
एक मुनि की तरह सरवस्व त्याग देते हैं,
चिल्लाते पहाड़-
अब खामोश हो गए हैं ।

“ मनु (मानव) ”

रोटी बेलते हुए- चेहरे पर मुस्कान आ गई,
माँ की आवाज कानों में आ गई,
बेटा- गोल रोटी बेलना-
धरती की तरह गोल, चाँद की तरह गोल,
माँ ऐसा क्यों-
माँ ने समझाते हुए कहा, बेटा- धरती, तृप्ति देती है,
चाँद शीतलता देता है, ऐसे ही रोटी से तृप्त हो जाते हैं,
और मन प्रसन्न हो जाता है, इतने में आवाज आई,
माँ मुझे भूख लगी है, मुझे एक रोटी और चाहिए,
और माँ ने तुरंत ही रोटी मनु की थाली में परोसी,
और कह दिया-
मेरा पेट भरा हुआ है, मुझे और रोटी नहीं चाहिए,
तुम खा लो,
ये सिर्फ माँ, माँ और माँ ही कर सकती है ।

" किरण "

क्यूँ मुस्कुराहट आई-
चेहरे पर,जब थके कदम,
कमजोर शरीर- को लेकर, बिस्तर से उठे,
आईना देखा-तो बालों में भी धूप-छाव खिल रहे थे,
चाँदनी मुस्कुरा रही थी, कुछ खुबसूरत यादें उभर आई,
जब एक कली फूल बनी,
माली ने उसे- गुलदस्ते में सजाया था,
फिर एक बागबां तैयार हुआ,
और एक नया सफर शुरू हुआ,
फिर अचानक-
पचपन में आए, तो मालूम हुआ बचपन चला गया,
गुड्डे-गुड्डी के खेल में, हड्डीयां कमजोर पड गई,
नजर कमजोर होने लगी,
मगर जिंदगी को देखने का नजरिया नहीं बदला,
उम्मीद की किरण, आज भी, रोज सुबह
नए सूरज - के साथ - आती है,
और - एक नई मुस्कुराहट चेहरे पर ले आती है ।

" सागर "

कल-कल करती, छल-छल करती,
पल-पल चलती, अविरल चलती,
तू कहाँ जा रही है,
क्यों इतना शोर मचाती है,ऐ नदी,
चट्टानों से टकराती, पत्थरों को लांघती,
युगों-युगों से बहती, न जाने कब मैं,
सागर से मिलूँगी, एक बूंद भी मेरी
सागर से मिलेगी इसी लिए तो मैं
शोर मचाती, आवाज लगाती चल रही हूँ ।

" पिकनिक "

पिकनिक पर जाना हुआ,
पीजा, बर्गर खाना हुआ,
जन्मदिन पर मैने
पेस्ट्री और डोनट खाया,
साथ में फ्रायम्स भी ले आया,
माँ कहती है रोटी खाओ,
मैं कहता हुँ मैगी लाओ,
इक राज की बात बताऊँ
मैं, ये सब अब न खाऊँ
वर्ना,
माँ कहती है - अस्पताल जाऊँ
(१०८-नं) बुलाऊँ ।

" कोरोना "

कोरोना
को रोना
को मत, रोना
को रोना, मत
जब तुम्हारा अपना
चला जाए
तो, रोना
जब तुम्हारा सपना
टूट जाए
तो मत रोना
जब बेगाना
चला जाए
तो रोना मत ।

" छवि "

मैं छवि
दादा जी की छवि
दादी जी की आँखों का तारा
पापा जी का प्यारा, मम्मी जी का सहारा,
बहनों ने सजाया सेहरा, हर मोती में बसा प्यार,
हर लड़ी में बसी खुशबू,
इतने सालों का, सपना हुआ पूरा,
पूरे परिवार ने जो मेरे जन्म से,
अपनी आँखों में बसाया था,
इतने प्यार से मुझे
मेरे दोनों जीजा-जी ने सजाया
घोड़ी पर चढ़ाया,
बैंड-बाजों की बारात लेकर,
मैं अपनी सिमरन को लेने आया,
वो गुलाबी कली, अब मेरे घर को रौशन करेगी,
मेरे परिवार का हिस्सा बनकर महकेगी ।

" सिमरन "

हथेली की मेहंदी में, जो लिखा नाम आपका - छवि
हथेली भी खिल उठी, होंठों पर मुस्कान आ गई,
तन-बदन में खुशबू फैल गई,
गुलाबी पंखुड़ियों में सिमट कर,
मैं एक गुलाब की कली बन गई
माता-पिता के दिए- संस्कार,
भाई का प्यार,
अपनी गुलाबी ओढनी
में समेट, ले चली ।

" छोटी बहन "

मेरी छोटी-प्यारी बहन,
मीठी-मीठी बातों से-
मुझे खुश कर देती हो,
नन्हें हाथों से तुम मुझे गले लगाकर,
मेरे दिल को पिघला देती हो ।

मेरी मिठाई चुराकर
खाट के नीचे छुप जाती हो ।

मुझे घोडा बनाकर,
मेरे ऊपर सवारी करती हो,
फिर भी,
तुम मेरी-
छोटी प्यारी बहन हो,
मेरी छोटी प्यारी बहन ।

" कुछ लम्हे "

कुछ लम्हे ही तो हैं,
जो गुजर ही जाऐंगे,
तो क्यूँ न इन्हे, हँस-खेल कर,
मिल बांटकर गुजारे
कुछ लम्हे ही तो हैं,
जो उदय हुए सूरज की तरह,
अस्त हो जाऐंगे, वो लम्हें गुजर ही जाऐंगे,
कुछ लम्हे ही तो हैं,
जो दिन से रात में ढल जाऐंगे,
चाँद की चाँदनी को
काले बादल समेट कर ले जाऐंगे,
वो लम्हें गुजर ही जाऐंगे,
कुछ लम्हे ही तो हैं,
जो हवा के झोंके की तरह, कानों में कुछ कहकर,
वो लम्हें गुजर ही जाऐंगे,
कुछ लम्हे ही तो हैं,
जो गुजर ही जाऐंगे ।

" लोरी "

माँ,
मुझे नींद नहीं आती,
एक बार तो आकर
लोरी सुना जा,
इक बार तो आकर
अपनी गोदी में सुला जा,
इक बार तो आकर
अपना आँचल लहरा जा,
इक बार तो आकर
पलकों में समा जा,
इक बार तो आकर
मेरी खुली आँखों पर
अपनी, ऊँगालिया तो फिरा जा,
माँ,
मुझे नींद नहीं आती,
इक बार तो आकर
लोरी सुना जा ।

" सुनहरे सपने "

इन बंद पलकों में मैं,
कुछ सुनहरे सपने जीना चाहती हूँ,
कुछ यादें जीना चाहती हूँ,
वो पल जो गुजारे आपके साथ-माँ
जब ऊँगली पकड़कर चलना सिखाया,
जब पहली बार मैंने माँ बोला और
तुमने मुस्कुराते हुए मुझे गले से लगाया,
कठोर रास्तों पर भी सम्भाला,
नया- सच्चा- सही- रास्ता दिखाया,
फिर एक कली को, फूल बनाकर,
दुल्हन की तरह सजा, अपने संस्कारों-
की गठरी बांध कर, मेरी झोली में डालकर,
मुझे विदा किया, हर दम, हर पल, हर क्षण-
आप मेरे साथ ही रही, ओर एक दिन अचानक-
काले बादल छाए, ओर न जाने कहा- आप अंधेरे में खो गई,
पर- आज भी- आपका आशीर्वाद,
चाँद की चाँदनी बनकर मेरे साथ रहता हैं ।

" राखी "

कलाई पर बंधा धागा,
सिर्फ एक धागा नहीं
ये बंधन
एक यकीन है, एक भरोसा है,
ये राखी का बंधन-
जो एक बहन- अपने भाई को
बहुत प्यार से
बहुत- मान और सम्मान से
बांधती है,
और भाई- भी तो, बहन के
मान- सम्मान की रक्षा करता है,
सारी उम्र उसे निभाने का वादा करता है ।

" भाई-दूज "

भाई-दूज पर लगाया-
केसर और चावल का तिलक
भाई के माथे पर चमकता है,
भाई-बहन के प्यार को दर्शाता है,
केसर और चावल ही तो भाई-बहन है,
ये एक बन्द मुट्ठी में,
एक होकर, एक दुसरे को
सम्भलने और सम्भालने का
वादा देते हैं ।

" स्वतंत्रता दिवस "

आज ७५ साल के स्वतंत्रता-दिवस पर आनंद पर्व मनाए,
जिन वीरों ने, भाइयों ने, पिता और पुत्र ने बलिदान,
देकर स्वतंत्रता दिलाई,
क्या- आज उनकी बहने सुरक्षित हैं, पढ़ी हैं, ब्याही गई हैं,
क्या उनके माता-पिता के सिर- पर छत हैं,
क्या उनकी पत्नी को उनका सम्मान से जीने का अधिकार मिला हैं,
हम नहीं जानते क्या उनके घर में आनंद है या नहीं,
जिन्होंने हमे तो स्वतंत्रता दिलाई, आनंद-पर्व मनाने का मौका दिया,
क्या हम उनके लिए कुछ कर सकते हैं,
सिर्फ एक बच्चे की पढ़ाई की जिम्मेदारी ले लों,
एक बेटी की शादी की जिम्मेदारी ले लों, एक बहन के सिर पर
बड़े भाई का हाथ- [आशीर्वाद] रख दो, हम इतना तो कर ही सकते हैं,
अगर आज हम सब भारतवासी मिलकर ये प्रण लें,
की हमे उनके घर में भी आनंद पर्व मनाने का मौका दिया,
तो ही स्वतंत्रता-दिवस सही माने में आनंद-पर्व होगा ।

" भारत "

" मेरा भारत महान "
जहां भारत का मुकुट बना
खड़ा हिमालय पर्वत,
जहां त्रिवेणी बहती
माता का आँचल बन
जहां रंग-बिरंगे फूल खिलते,
हिन्दू, मुस्लिम, सिख, इसाई,
जहां- जय जवान, जय किसान
का नारा लगता,
जहां वीर- भाई- सरहद पर खड़े हर आँचल की सुरक्षा करते,
जहां किसान- भाई खेती करके सोना उगाते सभी के
अन्नदाता- सभी का पेट भरते,
जहां नर में है देव और नारी में देवी बसती,
हर बेटी है लक्ष्मी, कहाँ मिट्टी की खुशबू, आगे बढ़ने की
हमें प्रेरणा देती, वही मेरा- भारत- महान
मेरा भारत महान ।

" कोरा पन्ना "

यह कोरा पन्ना,
आज फिर कुछ कह गया, यूं ही कुछ यादें,
कुछ वादे, दोहरा गया, वो दो पल का साथ
न् जाने कितने जन्मों कि खुशियां दे गया,
कोरा पन्ना,
कोरा होता हुए भी, कितना जिवन्त है,
सागर का उफान, बादलों की गड़गड़ाहट
मोर का पिहूं-पिहूं बोलना, कैसे खामोशी से,
इतना सब कुछ सुना गया,
यह कोरा पन्ना, आज भी
कुछ अनकही कह रहा है,
कुछ अनसही सह रहा हैं,
कुछ अनसुनी सुना रहा हैं,
कुछ अधूरी कहानी बयां कर रहा है,
यह कोरा पन्ना,
आज फिर कुछ दोहरा रहा है ।

" मेरा वतन "

भारत मेरा वतन,
जो- सोने की चिड़िया कहलाता था,
लुटपाट और गुलामी के बीच, एक दिन तिरंगा लहराऐगा,
ऐसी सोच, ऐसा जोश, लेकर चल पड़ा एक-एक भारत वासी,
वह शेर की तरह गरज रहा था, वह दहाड़ रहा था,
मुझे आजादी की सांस चाहिए,
मेरा खून भले देश की माटी में मिल जाए,
मगर, मेरा शीश नहीं झुकेंगा,
मेरे कदम नहीं रुकेंगें, मेरे वतन के लिए
मैं जान भी दूंगा, कदम से कदम मिलते गए,
और एक दिन आया, जब मेरे भारत में
मेरा तिरंगा लहराया,
उन शहीदों को नत-मस्तक करते हैं,
जिन्होंने गुलामी की जंजीरों को तोड़ कर, हमे स्वतंत्र कराया है,
और यह, स्वतंत्रता-दिवस दिलाया है,
नमन, नमन, नमन ।

" फुर्सत "

कभी फुर्सत मिले तो आना,
फुर्सत से मिलना,
फुर्सत से बैठेंगे
फुर्सत से पूछेंगे,
क्यों न फुर्सत मिली,
फुर्सत से बैठने की,
कभी फुर्सत मिले तो आना ।

" शायरी "

इतना भी न गिरो
की अपनी आंखों में,
न् उठ सको।

मकान बिकते हैं,
घर नहीं ।

जहां गुड रखते है,
वहां गोबर नहीं
रखते हैं ।

हँसती हूँ, तो क्यूँ लगता हैं, कि-
गुनाह कर दिया,
इक कर्ज ओर बढ़ गया ।

इस रात की सुबह ही नहीं होगी-
तो नाराज होकर क्या करोगे ।

" मित्र "

उधर, हवा के झोंके ने, कान में कुछ कहा,
इधर, फोन की घंटी बज उठी- कैसे हो, ठीक तो हो,
-उसे मित्र कहते हैं,
आंखे नम हो, फिर भी चेहरे पर मुस्कान ला दे,
-उसे मित्र कहते हैं,
दिन हो या रात, सुबह हो या शाम, उसे कोई फर्क नहीं पड़ता,
इक आवाज पर पहुँच जाए,
-उसे मित्र कहते हैं,
कुछ तुम्हारे राज, कुछ तुम्हारे दर्द, उसके दिल में, छिपे हैं,
वो तुम्हारा हमराज, तुम्हारा हमदर्द हैं,
-उसे मित्र कहते हैं,
जो वादा निभाए, बिना कोई वादा किए,
जो हर रिश्ता निभाए, बिना कोई रिश्ता हुए,
-उसे मित्र कहते हैं,

" लक्ष्मण-रेखा "

लक्ष्मण रेखा जो खींची- माता सीता जी के लिए,
उनके देवर, पुत्र- समान- लक्ष्मण ने, क्यों खींची रेखा,
वो तो सतयुग था, श्री राम जी का अवतार हुआ था,
फिर क्यूँ जनक की जानकी के लिए खींची लक्ष्मणरेखा,
आज कलयुग में भी हर स्त्री- माँ, बहन, बेटी, बहु, सबके लिए-
लक्ष्मणरेखा खींच दी जाती है,
वो रावण-जिसका दहन वर्ष में एक बार तो कर दिया,
लेकिन अपने मन में बैठे रावण- यानि-
काम, क्रोध, लोभ, मोह, अहंकार, जोवन, रूप, कुल, धन,
ये दस सिर आज भी हमारे मस्तिष्क में हैं,
तो हमने रावण का दहन कब और कहाँ और कैसे किया,
यदि हम इन दस सिरों को न उठाएं,
इन अवगुणों का दहन करें, तो ही रावण का दहन होगा,
और फिर हर स्त्री सम्मान से सिर उठाकर आगे बढ़ सकती हैं,
ओर लक्ष्मणरेखा की जरूरत ही नहीं है,
या फिर सतयुग से जो लक्ष्मणरेखा खींची, वो-
सदियों से चल रही है और चलती ही रहेगी ।

" उर्मिला (लक्ष्मणजी की पत्नी) "

आज तो उर्मिला दीये जलाऐगी, दिवाली मनाऐगी,
उसने भी तो 14 बरस का बनवास काटा है,
सीता मैया और श्री रामजी के साथ-
लक्ष्मण भी तो अयोध्या लौट रहे हैं,
उसने भी तो, हर पल- हर क्षण,
युगों के समान बिताए हैं,
एक दीया- एक बाती, एक अंधेरे कमरें में भी
रौशनी कर देती है,
वही आस की किरण लिए,
उर्मिला ने अपने उर यानि ह्रदय में-
रौशनी कर रखी है, और आखिर-
इन्तजार के पल समाप्त हुए,
पूरी अयोध्या चमक उठी है,
सब तरफ दिये जलाए जा रहे हैं,
फूलों से सजाया गया है,
अयोध्या नगरी हो या उर्मिला का ह्रदय हो-
सभी जगमगा उठे हैं,
आओ हम सब भी आज
उर्मिला के साथ दिवाली मनाएं,
सारे संसार में खुशिया बांटे ।

" किताब "

जिन्दगी की किताब के कुछ पन्ने जो पलटाए कुछ रंग बिखरे मिले,
तो कहीं- कुछ यादें- और- कुछ वादे- मुसकुराते हुए मिले,
वो हसीन पल, वो कुछ क्षण, जो तुम्हारे साथ गुजारे थे,
उनकी भी कुछ परछाई दिखी,फिर अचानक, पन्ने पलटाते-पलटाते,
आँचल में, एक सूखा गुलाब का फूल, गिर गया,
फिर उस पन्ने पर उस गुलाब की परछाई मिली,
बहुत कुछ- कुछ देर के लिए, दोहरा गया,
फूल का रंग, फुल की महक, फूल की सुंदरता,
सब जैसे, एक पल में, एक पल के लिए,
सामने आ गए, फिर से स्वप्न जीवित हो उठा,
जिन्दगी की किताब के कुछ पन्ने जो पलटाए,
कुछ पन्ने जो पलटाए तो,
कुछ क्षण जीवित हो उठे ।

" बढ़ते चलो "

सुनो,
इक आवाज ने बढ़ते कदम रोक दिए,
इस शब्द से उठते कदम, ठहर गए,
जो मुडकर देखा, तो एक परछाई दिखी,
मुसकुराती हुई, दबी-दबी मुस्कुराहट ने
खामोशी से बहुत कुछ कह दिया,
फिर अचानक,
न जाने क्या हुआ, मुहँ मोड लिया,
शायद- एहसास दिलाया कि बढ़ते कदम क्यों रोक दिए,
उठते कदम- क्यों ठहर गए,
अभी चलो बढ़ते चलो,
मंजिल बहुत दूर है ।

" खामोशी "

खामोश आंखे, खामोश लब,
खामोश मुस्कान, खामोश चेहरा,
खामोश दिल, खामोश मन,
खामोशी बोलती है,
खामोशी सुनती है,
खामोशी कहती है,
खामोशी मुस्कुराती भी है,
खामोशी दिल तक पहुँचती है,
खामोशी मन को पढ़ लेती है,
खामोशी- खामोशी से
खामोशी बयां करती है ।

" राह "

माँ- मम्मी
आई- माई
मदर- मैरी
मंदिर- पूजा
शिवालय- अर्चना
क्या कह कर पुकारूँ, सब कुछ तो तू ही है-
माँ
आसमां को कागज, सागर को स्याही बना दूँ,
फिर भी तुझे न लिख पाऊँ माँ
कहाँ ढुँढुँ, कहाँ से लाऊँ,
वो राह तो तूने बताई ही नहीं,
माँ
सब कुछ सिखाया, सब कुछ बताया,
तेरी ही परछाई हूँ,-
माँ
तूने मुझे लिखा, अब तुम्हारे लिए
क्या लिखूँ
"माँ"

" हम बड़े. हो गए "

" किट्टी अब्बा "
" कट्टी-बट्टी "
कट्टी-बट्टी बोलकर सो जाते थे,
शाम होते ही सब भूलकर फिर एक हो जाते हैं ।
मिट्टी के महल बनाने, गुड्डा-गुड्डी का ब्याह रचाने,
आसमाँ मे इंद्रधनुष को झाँकने, हाथ पकड़कर दौड़ते ।
बादल को पकड़ने, फिर मिट्टी से सन्ने हाथ,
एक-दूसरे के कपड़ो पर पोंछने
और हँसते-हँसते दौड़ते-खेलते हम बड़े हो गए ।
ज़िंदगी की शाम आने पर हम बड़े हो गए ।
हम बड़े क्यों हो गए ?

“ जनून ”

सरहद से जो खबर आई, एक वीर शहीद हो गया,
वो एक वीर, एक जवान, एक शहीद, सिर्फ एक नहीं-
माँ के बुढापे की लाठी टूट गई,
पिता के कंधे थक गए,
बहन की आस टूट गई,
पत्नी के सपने टूट गए,
लेकिन फिर खबर आई,
उसी वीर शहीद का पुत्र
फौज में भर्ती हो गया,
ये एक जनून भारत माता,
और उसके तिरंगे को
हमेशा-हमेशा लहराता रहेगा ।

" जय भारत माँ "

" इनायत "

तू ही सहारा दे जीने का
ऐसा न हो की हम,
बेसहारा होकर रह जाएं,
ईच्छा हैं,
तेरे दामन मे, सदा के लिए सोने की,
तू ही सहारा दे जीने का,
तेरी चाहत मे जिन्दा हैं हम,
तेरी राहो में खड़े हैं हम,
डूबे हुए इस सोच में,
हम पर भी
थोड़ी-सी इनायत कर ।

" साए "

सहर तो जीवन में आई ही न थी,
कि साँझ की बेला,
रात के काले साए तले दब गई,
काली, अकेली रातो के साए,
ओर हम, बढ़ते ही चले गए,
बढ़ते ही चले गए ।

" साथ "

हम,
हर कदम पर
साथ थे,
साथ है,
ओर-साथ रहेंगे,
वैसे ही
जैसे,
आसमान से चाँद-तारे
जुदा नहीं होते,
दिल से
धड़कन
जुदा नहीं होती,
मंत्रों से
अक्षर
जुदा नहीं होते ।

“ सावन की घटा ”

विरहनी की व्यथा देख,
बरस पड़ा आकाश,
रुक न सकी
उसके आंसुओं की लड़ी,
क्योंकी-
रुक ना सकी
सावन की घटा ।

“ अधूरापन ”

चाहा तो था,
बहुत कुछ
इस दिल ने-
मगर,
हर चाहत तो पूरी नहीं होती,
अधूरी चाहत लिए,
आज भी
इस अधूरेपन को ढूँढता-फिरता है
यह दिल ।

" दुनियाँ "

दुनियाँ बनाने वाले ने दुनियाँ बनाई
न जाने क्या उसके मन में आई,
कोई कहे खिलौना, कोई कहे रैना,
कोई कहे शीशा, कोई कहे मसीहा,
किसी को लागे धुंध, किसी को लागे धुआँ,
कही है वीरानी, कही है सहर,
कही है खुशियाँ, कही है गम,
यह लम्बी पगडंडी, बिना मंजिल के सभी ने पाई,
कही है सहर, कोई कहे शाम,
किसी को भाए चाँद, किसी को भाए सूरज,
मगर सभी ने तपिश ही पाई,
शीतलता न किसी के पास आई,
वाह रे खुदा, तेरी खुदाई ।

" सूनापन "

पंछी चहचहा रहे थे,
सूरज धरती की गोद से निकल कर
आसमाँ में प्रकाश फैलाने में व्यस्त था,
फिर भी न जाने क्यूँ-
चारों तरफ अंधेरा ही अंधेरा था,
यह सूनापन
चाँद के आने पर भी रहा,
क्यों ?
यह मैं आज तक नहीं समझ पाई ।

" प्यास "

अब मुझे-प्यासा-
मत छोड़ना,
मेरी प्यास
बुझा दो,
मुझे अपना लो,
अपने सीने में
छुपा लो,
अपनी धड़कन में
बसा लो ।

" बगिया "

जिन्दगी ने दिए हमें
कई रंग के फूल
हमने भी उन्हें संवारा-सजाया
जीवन के गुलदान में
आज भी मुस्कुरा रहे हैं
यह फूल
जीवन के गुलदान में
एक फूल मुरझाया-
तो-दूसरा
खिल उठा,
आंखे हमारी छलकती ही रहीं
यह प्याला कभी कम न हुआ,
इन्ही रंग-बिरंगे फूलों को समेटे
नम आंखे-
अधरों में मुस्कान लिए,
जीवन की बगिया पर चलते रहे-
हम मंजिल को पाने के लिए ।

" कली "

क्या माली भी कभी
कली को
मसलता हैं ?
नहीं,
उसमे तो उसकी
जान होती है,
क्या माली भी कभी
कली को
रुलाता हैं ?
नहीं,
उससे तो उसकी
आंखे नम होती है,
फिर क्यों अनजाने में-
जानबूझकर-
कली को
कुरेदता है,
क्यों ?
क्यों ?

“ माली ”

हाँ, माली ही तो
कली को
प्यार से,
दुलार से
सँवारता हैं-
काँटों से बचाकर
जान लगाकर
उसे बड़ा करता है,
अनजाने में
अगर कोई
कांटा चुभ जाए
तो- अपना प्यार,
दुलार,
सब कुछ
उस पर लूटा देता है ।

" पत्थर "

हर किसी को चाहिए "लाल गुलाब"
क्यों कोई "सफेद" और "काला गुलाब"
नहीं माँगता,
सभी को चाहिए "चाँद"
क्यों कोई सूरज की चाह
नहीं करता,
सभी को चाहिए उजाला
क्यों कोई अंधेरे की
ख्वाहिश नहीं करता,
यह दुनियाँ तो पत्थर है
जिसे सिर्फ
मान ही चाहिए,
हमारी झोली में भरे गमों को
क्यों नहीं कोई ताकता ?

“ चाहत ”

साया तो साया ही रहता है
मेरा हो या तुम्हारा हो,
हमारे आगे-पीछे झूमता है
चाहा तो था- कि- साया
मेरा तुम्हारे और तुम्हारा मेरे
पीछे रहे,
मगर,
चाहत से क्या होता हैं ?

“ लैला ”

जिन्दगी क्या है,
"लैला"
जिसके सभी दीवाने हैं,
सभी को तो जीवन चाहिए,
लैला का प्यार चाहिए,
कोई तो नहीं ऐसा-
जिसे,
बहार नहीं चाहिए
साँस चाहिए ।

" फूल "

फूल को - मसल दिया गया,
बेचारा-
अन्जाना, अल्हड़, कमसिन,
नादान-फूल,
न जाने कैसे
फंदे में फंस गया,
डाली से टूटा, धूल में मिला,
मसलकर, कुचलकर
फेंक दिया गया
चमन भी न जाने-
यह-कब, कैसे, क्या हो गया,
सिसकियाँ न सुनी
किसी ने भी उसकी,
सिसकता,
रिश्ता, एक दिन मुरझा गया ।

" गम "

वेदना,
अश्रु, उद्गार,
रुदन,सिसकना,
सभी कुछ तो दिया है,
इस जीवन ने, कोई भी तो
गम नहीं जो मेरी झोली में नहीं डाला ।

“ ढाई लफ़्ज ”

यह प्यार क्या है,
सिर्फ ढाई लफ़्ज ही तो हैं,
जिन्दगी का मतलब बदल देते हैं,
कहीं रात - तो कहीं सुबह,
कहीं अंधेरा - तो कहीं रौशनी
कर देता हैं ।

“ मौन ”

ओ आइने,
तू मुझे क्यों बार-बार अपने सामने बुलाता है ?
मैं क्यों तुझे देखती हूँ ?
और, तेरे सामने आते ही,
मेरी पलकें शर्म से झुक जाती हैं,
होंठ सिकुड़ जाते हैं,

" नम "

नम आँखों को मुसकुराना
मत सिखाओ,
कहीं इन्हे सपने देखने
की आदत पड़ गई,
तो यह आँसु
कौन सम्भालेगा ?

" कफन "

यह़ जख्म
कोई देख न ले,
इसे- कफन में छुपा दो,
आज-फिर से,
एक मुर्दा दफन
कर आओ,
तुम्हारे जख्म
भरने वाले नहीं हैं,
तुम बहुत
किस्मत वाले हो ।

" ऊपरवाले "

जिन्दगी तुम्हारा
इन्तजार कर रही है,
जिओ और
जीने दो,
चारों तरफ
बहार ही बहार है,
क्यों फूलों
को मुस्कुराने
से रोकते हो ।

" हसरत "

मेरे जनाजे को कंधा
देने तो आओगे तुम ?
क्या यह एक छोटी-सी
हसरत भी पूरी
कर पाओगे तुम ?

" सिर्फ "

क्या सिर्फ दर्द ही
मेरी जिन्दगी है,
क्या सिर्फ गम ही
मेरी जिन्दगी है,
क्या सिर्फ इन्तजार ही
मेरी जिन्दगी है ।

"  "

रोने के लिए
जिन्दगी नहीं है,
हंसने के लिए है,
खूब हंसो-हसाओ,
हसते ही रहो ।

" सड़क "

जिन्दगी की सड़क
बहुत लम्बी है,
मंजिल का कोई
ठिकाना नहीं,
अगर तुम साथ दोगे,
तो-
मंजिल तक पहुँचना
आसान हो जाएगा ।

" किनारा "

एक किशती में
हम दोनों सवार हुए,
अब
देखना यह है-
कि-
कब तक
यह साथ रहता है ।

“ गैर ”

गैरों में जो खड़े देखा-
तो भी तुम
अपने- से ही लगे,
अपनों में जो खड़े देखा
तो क्यूँ तुम
गैरों से लगे,
इन्तजार करते शाम ढलने लगी
कुछ परछाईयाँ साथ चल पड़ी
कुछ गैरों की
कुछ अपनों की,
मालूम ही न चला-
कब-गैर-अपने बन गए, और
कब-अपने गैर बन गए ।

" चुनरी "

तुम मेरे थे,
मेरे हो,
ओर-
मेरे ही रहोगे,
यह सच-
मेरा नहीं,
तुम्हारा भी है,
यह सच
मैंने लाल गोटे वाली
चुनरी,
में छिपाया भी है ।

" एहसास "

मैं यूँ नहीं जा रहा हूँ,
तुम्हें ढूँढने जा रहा हूँ,
तुम्हें खोजने जा रहा हूँ,
तुम्हारा एहसास महसूस करने जा रहा हूँ,
अपनी खामोशी बयां करने जा रहा हूँ,
अपनी तन्हाईयों को खोजने जा रहा हूँ,
तुम्हारी परछाइयों को ढूँढने जा रहा हूँ,
तुम्हारी खामोश मुस्कान
तुम्हारी चमकती आंखे
खोजने जा रहा हूँ,
मैं तुम्हे नहीं,
खुद को पाने जा रहा हूँ ।

" आशीर्वाद "

चाँदनी को हथेली पर रखकर, जो मैं चल पड़ी,
चाँद को ढूँढने, नम आंखे
भी मेरे साथ चाँद को खोजने लगी,
कुछ सच्चाईयां, कुछ अच्छाईयां, कुछ परछाईया,
भी मेरे साथ चाँद को खोजने चलीं,
कुछ यादें कुछ वादे, कुछ लम्हे
भी मेरे साथ चाँद को खोजने चले
फिर- अचानक
तारों से भरे आसमाँ में
इक मुस्कुराहट ने
चाँद को खोज ही लिया,
और वो मुस्कुराहट मेरी
" माँ "
का आशीर्वाद थी ।

" छत "

कहाँ है मेरा आसमां
मेरा नीला आसमां
वो नीली चादर
वो नीली छत
ऐ आसमाँ वाले
बता
कहाँ है मेरा आसमां ।

" जिक्र "

मेरे जाने के बाद
मेरा जिक्र तो
हुआ होगा
मेरा फिक्र भी
हुआ होगा,
इसी ताने-बाने में
रात गुजर गई,
चाँद भी डूब गया,
और
तारे भी
धीमे-धीमे सिरकते रहे,
नया सवेरा जो हुआ-
फिर सूरज निकला,
इसी ताने-बाने में,
मेरा जिक्र
और
फिर
मेरा फिक्र, तो
हुआ होगा ।

" सुनहरे सपने "

इन बन्द पलकों में मैं,
कुछ सुनहरे सपने जीना चाहती हूँ, कुछ यादे जीना चाहती हूँ,
वो पल जो गुजारे आपके साथ- माँ,
जब ऊँगली पकड़कर चलना सिखाया, जब पहली बार मैंने माँ बोला, और,
तुमने मुसकुराते हुए मुझे गले से लगाया,
कठोर रास्तों पर भी सम्भाला, नया- सच्चा- सही- रास्ता दिखाया,
फिर एक कली को फूल बनाकर, दुल्हन की तरह सजाया,
अपने संस्कारों की गठरी बांध कर, मेरी झोली में डालकर,
मुझे विदा किया,
हर दम, हर पल, हर क्षण, आप मेरे साथ ही रही,
और एक दिन अचानक, काले बादल छाए,
और न् जाने कहाँ, आप अंधेरे में खो गई,
पर, आज भी आपका आशीर्वाद,
चाँद की चाँदनी बनकर मेरे साथ रहता हैं ।

“ घटा ”

सावन की घटा छा गई, नयनों में,
फिर रही न कोई उम्मीद ।
दिल दुनिया के रिश्तों की, डूब गया दिल का आँशियाँ,
इसी घटा की सरसरी में ।

" अफसाना "

नाम अब भी हैं लबों पर तुम्हारा,
तुम न सुन पाओ तो
क्या कसूर हैं हमारा ?
नैनों की भाषा से देते हैं
आवाज़ तुम्हें हम,
आ जाओ अब तो तुम इंतज़ार करते-करते थक गए हम ।

" शूल "

यह धड़कन-
तुम्हारे गीत गाती है,
यह दिल तुम्हें
बार-बार बुलाता है-
आ भी जाओ,
यह दूरी शूल
बन गई है
तुम्हारी याद ही
मेरे पास है,
अब तुम आ जाओ
यह शूल,
फूल बन जाएगा ।

" रोज "

दूर खड़ी
एकटक,
तुम्हें देखती हूँ,
हर रोज
अपने सपनों को टूटने पर,
अपने को संभालती हूँ ।

“ महसूस ”

आज तुम्हें साथ लेकर,
चल पड़ी मैं,
लेकिन तुम तो
साथ नहीं थे मेरे,
मगर एक साया
हर पल महसूस करती रही मैं ।

" साँसें "

यह लम्बी साँसों को लेकर
था मैंने पुकारा तुम्हें,
तुम्हारी आवाज़ तो आई,
पर-
तुम न आए,
क्यों करी यह बेवफ़ाई
मेरे साथ ?

" याद "

हवा का झोंका
बार-बार आकर
तुम्हारा एहसास
कराता हैं,
शायद उसे मालूम नहीं,
की तुम तो सदा,
मेरे ही साथ हो,
मेरे ही पास हो,
मेरे ही लिए हो ।

" इन्द्रधनुष "

सूरज को देखा
तेरे नैनों की याद आई,
चाँद को देखा
तेरे मुस्कुराने की अदा याद आई
फूल को देखा
तेरी खुशबू दिल पर छाई,
इंद्रधनुष को देखा
तेरी अदाएं याद आई ।

“ बेवफा ”

कभी भी तुम मुझे
बेवफा मत समझना,
कही तुम्हारा दिल
न टूट जाए,
डरती हु आने वाले
वक्त से,
दुआ करती हूँ
उस खुदा से,
वह कयामत न आए
मौत भले ही या जाए ।

“ बादल ”

चेहरे पर
गमगीन बादल छा गये
पर
तुम बरसने नहीं देते उन्हें
मितवा,
ओ मेरे मीत
तुम कब तक
नैनों का प्याला
छलकने से
रोकते रहोगे मुझे ।

" चक्रव्यूह "

मैं जानती हूँ
तुम मेरी मांग
मोतियों से भर देना चाहते हो,
आसमाँ के सभी तारे
मेरी झोली में
डाल देना चाहते हो,
लेकिन-
वक्त ने तुम्हारे हाथ जकड़े हैं,
इस चक्रव्यूह से निकलोगे
तभी तो
मन की मुराद
पूरी कर पाओगे ।

" पगडँडी "

एक दिन हम तुम,
एक ही पगडंडी पर चले थे,
बरसों पहले की बात है,
न जाने तुम्हें क्यों मेरा साथ न भाया,
तुमने अपनी पगडंडी अलग चुन ली,
इतना भी न सोचा-
मेरे कांटे कौन चुनेगा ?

" आस-पास "

यह शाम कैसे ढली
तुम क्या जानो,
आंखे बन्द हों,
या-
खुली हों,
तुम-मेरे आस-पास ही हो,
तुम्हारा एहसास
मेरी जिन्दगी है,
आंखे बन्द हों,
या-
खुली हो,
यह हवाएं तुम्हारा
पैगाम देती हैं,
यह साँसे तुम्हारा
ही नाम
लेती हैं ।

" नामुमकिन "

मुझे भुला पाना नामुमकिन है,
मैं सूरज की रौशनी बनकर
फैल जाऊँगी,
मैं चाँद की चाँदनी बनकर
छा जाऊँगी,
मैं फुल की खुशबू बनकर
महक जाऊँगी,
मैं गीत बनकर
गुनगुनाऊँगी,
मैं मीत बनकर हर ओर
हर ओर छा जाऊँगी,
हर पल, हर सांस में तुम मुझे ही पाओगे,
मैं हर लम्हा लहर बनकर
चारों ओर फैल जाऊँगी ।

" तुलना "

कहीं तुम मुझे,
चाँद मत कह देना,
मैं दागदार
नहीं
बनना चाहती हूँ,
तुम्हारी नजरों में,
ऐ ! मेरे मसीहा ।

" छल "

वह प्यार
जिसे मैं बरसों से
ढूँढ रही हूँ,
वह प्यार
जिसे मैं बरसों से
पाना चाहती हूँ,
कभी भी,
मेरी जिन्दगी में
नहीं आएगा,
एक अधूरापन लिए ही,
मैं मौत को गले लगा लूँगी,
नहीं,
ऐसा कभी नहीं होगा,
मेरा प्यार
मुझसे
छल नहीं करेगा ।

" जख्म "

इन जख्मों को हरा ही रहने दो,
इन जख्मों को भरने मत दो,
यह छलकते रहते हैं,
यह रिसते ही अच्छे लगते हैं,
अब इस आदत को आदत ही रहने दो ।

“ चाँद ”

यह चाँद करता आँख मिचौली,
कभी दिखता, कभी छिपता,
न जाने क्या-क्या याद दिलाता हैं,
कभी आँचल को पकड़ना,
कभी आँचल को झटकना,
कभी बालों को लिपटना,
कभी बालों को झटकना,
कभी होंठों का मुसकुराना,
कभी होंठों का सिकुड़ना,
हर दम आँख मिचौली करता हैं,
ये चाँद-
न जाने क्या-क्या याद दिलाता हैं ।

" खिवैया "

अश्कों का सागर बनाया हैं हमने
तुम भी ले आओ अपनी नैया,
सामने खड़ा हैं तुम्हारे
तुम्हारा यह खिवैया,
तूफ़ा का सामना करेंगे
हम मिलकर सदा,
न घबराओ तुम
मौजों की मस्ती से
ले आओ अपनी नैया
सामने खड़ा हैं तुम्हारा यह खिवैया,
जाऐंगे उस पार हम लहरों की चादर पर
वहीं जहां होता हैं मिलन
इक किनारे का दूजे किनारे से
जाओ ले आओ अपनी नैया
सामने खड़ा हैं तुम्हारा यह खिवैया ।

" पत्थर "

यह सोचकर
मैं घबरा जाती हूँ,
कि-
तुम
मुझसे दूर
चले जाओगे,
कैसे बिताऊँगी
वह पल
वह क्षण,
तुम्हारे इन्तजार में-
कहीं मैं
पत्थर ना बन जाऊँ
या
मोम बनकर
ना पिघल जाऊँ !

“ कर्ज़ ”

वह बूंद जिसके लिए तड़पता हैं चातक,
वह मोती जिसे खोजता हैं हँस,
वह चाँद जिसे पाने के लिए
उड़ता-रहता है चकोर,
तुमने तो मेरी झोली-
इन सबसे भर दी,
यह कर्ज मैं कैसे उतारूँगी
मेरे मीत ?

“ रचना ”

कविता रची,
उसमे तेरी मूरत है,
हाँ - तेरी रचना,
सकूँ- कुछ तो मिला-
रचना के बाद,
मगर- दर्दे दिल
न कम हो सका
रचना के बाद ।

" पहरा "

तुम मुझे
तन्हाँ-
क्यों नहीं
रहने देते हो,
हर वक्त,
हर दम,
हर पल,
मेरे आस-पास
क्यों रहते हो,
दिल, धड़कन,
मुझे बुलाती है,
उन पर
क्यों
पहरा नहीं
बन सकते ।

" आँगन "

सूरज डूबता हैं, चाँद निकलता हैं,
फिर-
चाँद डूबता हैं, सूरज निकलता हैं,
चाँदनी आती हैं, सूरज की रौशनी आती हैं,
फिर भी,
क्योंकि-
तूँ नहीं होता- तो,
मेरे आँगन में अंधेरा छाया रहता हैं ।

" गहराई "

यह एहसास कि तुम,
अभी कल भी नहीं आओगे,
मुझे, गहरे समुद्र में डूबा जाता है,
और,
मैं वहा तुम्हें,
खोजने लगती हूँ,
उस गहराई में उतरते हुए
मैं ही खो जाती हूँ,
तुम्हें पाने के लिए,
मगर,
उस क्षण तुम नहीं मिलते ।

" दूरी "

तुमने ठीक ही कहा था,
कि यह दूरी,
दूर रहने पर ही
एहसास दिलाती हैं,
कि यह-
कितनी विषैली होती हैं,
इसका विष
तीव्र गति से
बढ़ता जाता हैं, बढ़ता जाता हैं,
न जीने देता हैं,
न मरने देता हैं,

" कर्तव्य "

तुम्हें याद है,
तुम-
मुझे- पिछले जन्म में,
यूँ ही
आधे रास्ते में
छोड़ गए थे,
देखो,
मैं,
तुम्हारा पीछा करते-करते,
इस जन्म में,
तुम्हारे पास आ गई,
अब मुझे पहचानना
तुम्हारा कर्तव्य नहीं
धर्म है ।

" शीशा "

दिल शीशा है-
तुझे याद दिला रही हूँ,
दिल तोड़ने वाले
क्या तुझे यह नहीं
मालूम था,
टूटा तो जुड़ेगा नहीं
यह शीशा,
अब नहीं जुड़ेगा
कभी नहीं जुड़ेगा ।

" तन्हाईयाँ "

तेरे ख्यालों में खोए रहे हम,
मालूम ही न हुआ
कब शाम हो गई,
तन्हाईया डसने लगी
मालूम ही न हुआ
कितने जन्म नासूर बन गए,
बाण चले गमों के
मालूम ही न हुआ
कितने घाव हो गए ।

" नींद "

रात के अंधेरे में
तुम्हारी परछाई
दिखाई देती है,
न जाने नींद कहाँ,
गायब हो जाती है,
जागती आँखों से
सपने देखती हूँ ।

" तलाश "

बस, बस, बस
अब और
प्यार की तलाश
नहीं करनी है,
वह प्यार अब
इस जन्म में
तो नहीं मिलेगा,
न जाने अगले जन्म
या फिर,
उससे भी
अगले जन्म
या फिर, न जाने
कितने ही जन्म
तक, यह अधूरापन
ऐसा ही रहेगा ।

“काँधा ”

कहीं बेवफा बनकर,
रास्ते में छोड़ न जाना,
मुझे मंजिल तक
पहुँचने के लिए,
तुम्हारा कांधा मुझे चाहिए,
यह भूल मत जाना ।

" मौत "

यह तुमने
क्या कर दिया
मेरी जिन्दगी में आकर,
मेरी मुलाकात-
मौत से करवा दी,
सच मानो,
जाने की इतनी जल्दी
नहीं थी मुझे ।

"कँधा "

मेरे जनाजे को कंधा
देने तो आओगे तुम ?
क्या यह एक छोटी-सी
हसरत भी पूरी
कर पाओगे तुम ?

" इन्तजार "

उस दिन
उस भीड़ में,
हर आहट पर
लगा-
कि तुम आए हो,
नजरे उठकर
झुक जाती थी-
इस इन्तजार में
बार-बार
हर आहट पर
उठती - झुकती
नजरें,
उस भीड़ से
बचती-बचाती
यह नजरे
तुम्हारा ही इन्तजार
करती रहीं
यह नजरें ।

" मेरा पैगाम "

थमे हुए आँसु, रुके हुए आँसु,
ठहरे हुए आँसु, छुपे हुए आँसु,
तुम्हें देखते ही, न जाने कैसे-
यह बुँदे टपकने लगीं
यह कुछ यादे ही तो थीं,
जो आँसु बनकर बहने लगी,
कुछ गम-कुछ खुशी,
जो-
जाहिर कर रहे थे यह आँसु,
जो होंठ न कह सके
वह कह रहे थे, यह आँसु
तुम तक मेरा पैगाम
पहुँचा रहे थे, यह आँसु ।

“ वफा ”

तुम तो न आए
अब मैं तुम्हें,
बेवफा भी तो
नहीं कह सकती
वफ़ा भी न कर पाए
फिर भी
बेवफ़ाई का इल्जाम
नहीं लगा सकती ।

" छाया "

हम, तुम्हारी जिन्दगी में,
फूल न सही
खुशबू न सही,
कांटा बनकर
तो रहेंगे,
शुल बनकर
तो चुभेंगें,
यह चुभन
यह टीस,
हर दम, हर पल,
मेरी याद- न सही,
तुम्हारे साथ
छाया बनकर तो रहेगी ।

“ मुस्कुराहट ”

तुम जो
मेरे सपने में आए,
तो,
आँख क्यों खुल गई,
यह सपना तो
मुझे मुस्कुराहट दे गया,
वरना तो,
मुस्कुराहट ही
भूल गई थी ।

" आईना "

आईना,
आज क्या कह गया,
जो मुझे आँखों ने कहाँ,
पर-
होंठ न कह पाए,
वह सुबह-
जिसका तुम्हें इन्तजार है,
इस स्याह रात के बाद
जरूर आऐगी,
जरूर आऐगी ।

" युग "

तुमसे जुदा हो के
यह पल कैसे
गुजर रहे है,
जैसे एक युग का
एक पल हो
न जाने कब
यह इन्तजार
खत्म होगा ?
ओर
हमारा मिलन
होगा,
कितने युग ओर
इन्तजार में
यूं ही
झूठी मुस्कान लिए
जीना पड़ेगा ।

“ ख्याल ”

अभी-अभी
खटखटाहट हुई,
मैंने दरवाजा खोला,
तुम्हारा साया खड़ा था,
तुम्हें न पाकर-
मैं परेशान-सी हो गई,
फिर, न जाने क्यूँ-
दिल जोरों से, धड़कने लगा,
तो ख्याल आया,
यह आवाज तो
दिल ने दिल को दी थी ।

" दिलों "

मैं बेवफा नहीं हूँ,
तुम बेवफा नहीं हो,
फिर-
बेवफा कौन है ?
जो दो दिलों को,
मिलने नहीं देता ।

" सामने "

तुमने जो पुकारा,
तुम्हारी आवाज
हवा के झरोखे से आई,
ओर-
मेरा पल्लू खींचते हुए
मुझे- तुम्हारे सामने
लाकर खड़ा कर दिया ।

“ वजूद ”

तुम क्यों- आकर,
मुझे,
झकझोर जाते हो,
मेरा पूरा वजूद ही
हिला जाते हो,
मुझे-
न जीने देते हो,
न ही-
मरने देते हो ।

“ वादा ”

किसी को वादा दिया है,
उसे- मदद करो
मैं वह वादा- निभा सकूँ,
वायदे में माँगा हुआ तोहफा
उसके लिए जन्नत बना सकूँ ।

“ जख्म ”

तुम मेरी जिन्दगी में
क्यों आए,
इस दिल ने तो
इतने जख्म छुपाएं है,
तुम
गिनते-गिनते
थक जाओगे,
मगर
कभी गिन नहीं पाओगे ।

"मुस्कुराहट"

बादलों की झड़झड़ाहट से-
डर गई थी मैं,
कि अचानक-
बिजली चमकी
तुम्हारी मुस्कुराहट
उसमें दिखी,
बारिश शुरू हुई,
ऐसे मालूम हुआ
कि,
यह बुँदे-
तुम्हारा पैगाम
लेकर आई हैं,
तुम आने वाले हो,
लेकिन
तुम्हारी परछाई
ही आई ।

" धागों "

तुम नहीं हो,
कैसे मान लूँ,
तुम हो,
यहीं कहीं हो,
तुम ही तो हो
प्यार के चार धागों में बंधे हुए ।

" तुम्हारी याद "

कोई भी तो दिन नहीं
जब तुम्हें याद न किया हो,
कोई भी तो लम्हाँ नहीं
जब तुम्हारी याद न आई हो,
कोई भी तो सांस नहीं
जब तुम्हारा नाम न लिया हो,
कोई भी तो रात नहीं
जब तुम सपने में न आए हो,
बस-
यादों का साया लेकर ही
जी रही हूँ मैं ।

" महसूस "

न जाने क्यों ?
आज तुम्हारी परछाई
महसूस कर रही हूँ,
एक जमाने के बाद
अपना सर
तुम्हारे कंधे पर
रखकर
रोने को जी चाहता हैं ।

“ पल ”

चार पल
जो गुजरे
तुम्हारे साथ,
खुशी-गम,
धूप-छाँव,
हर पल,
सिर्फ तुम्हारे-तुम्हारे
और,
सिर्फ
तुम्हारे है
वह पल,
वही चार पल ।

" आँखें "

तुम तक
मेरी आवाज
नहीं पहुँच पाती,
मगर,
खामोशी तो
सब कुछ कह देती है,
यह आँखों की भाषा,
क्या परिभाषा- कहती है,
तुम ही आँखों से पढ़ लो ।

“ साँस ”

तुम्हें भुलाना तो,
मतलब हुआ,
खुद को ही भूल जाना,
जिस सांस में तुम न होंगे,
वह,
मेरी जिन्दगी की आखिरी सांस होगी ।

" खामोशी "

यह हकीकत है,
इस हकीकत को
तुम मंजूर क्यों नहीं करते ?
यह जफ़ा है,
इस जफ़ा को
तुम वफ़ा क्यों नहीं समझते ?
यह इन्कार हैं,
इस इन्कार को
तुम इकरार क्यों नहीं समझते ?
यह पाक-पवित्र प्यार है,
इसे तुम- खामोशी से
क्यों नहीं समझते ?
स्वीकार क्यों नहीं करते ?

" फिक्र "

मेरा जिक्र तो किया ही होगा,
मेरा फिक्र भी किया ही होगा,
इतनी परवाह करते हो मेरी
की-
हर पल में मुझे याद तो किया ही होगा,
हर घड़ी मुझे पुकारा भी होगा,
यह एहसास ही काफी है मेरे लिए
हर सांस के साथ मेरा नाम तो लिया होगा,
ये खामोश एहसास ही तो है
जो हमे इक बन्धन में-
बांधे रखता है,
सदियों से- युगों तक-
पवित्र- पावन- प्रेम- ही तो है ।

" परदा "

हाय - ओ, मेरे ढाढेया रबा,
कदी माँ - न् किसे दी लवीं,
माँ - ओ छत्त है-
जो सानु दुनियां दे, हर मौसम तो बचांदी है,
माँ - ओ परदा है-
जो सानु सदा कज के रखदी है,
माँ - ओ मुस्कान है -
जो सानु अपना दर्द नहीं दसदी है,
माँ साढ़े बोलण तो पहले ही
सानु समझ लैंदी है ।

“ मूरत ”

माँ- पियू दी सेवा कर लै बंदिया,
फिर काहे पछुताएगा,
माँ- पियू दे आर्शिरवाद लै-लै बंदिया,
फिर किथे लबदा फिरेंगे,
माँ- पियू रब दी मूरत ने
उन्हा दी पूजा कर लै बंदिया,
माँ- पियू वरगा होर कोई नहीं,
ऐ गल तू गंढ बन लै बंदिया ।

" कदम "

क्या, जो मैं चाहती हूँ,
तुम कर पाओगे,
तुम इतना बड़ा कदम
उठा पाओगे,
क्या तुम मुझे अपना
बना पाओगे,
इस फूल के साथ
अगणित कांटे चुभेंगे,
इतने जख्म क्या तुम
सह पाओगे, एक साथ ।

" सुनहरे सपने "

इन बन्द पलकों में मैं,
कुछ सुनहरे सपने जीना चाहती हूँ, कुछ यादे जीना चाहती हूँ,
वो पल जो गुजारे आपके साथ- माँ,
जब ऊँगली पकड़कर चलना सिखाया, जब पहली बार मैंने माँ बोला, और,
तुमने मुसकुराते हुए मुझे गले से लगाया,
कठोर रास्तों पर भी सम्भाला, नया- सच्चा- सही- रास्ता दिखाया,
फिर एक कली को फूल बनाकर, दुल्हन की तरह सजाया,
अपने संस्कारों की गठरी बांध कर, मेरी झोली में डालकर,
मुझे विदा किया,
हर दम, हर पल, हर क्षण, आप मेरे साथ ही रही,
और एक दिन अचानक, काले बादल छाए,
और न् जाने कहाँ, आप अंधेरे में खो गई,
पर, आज भी आपका आशीर्वाद,
चाँद की चाँदनी बनकर मेरे साथ रहता हैं ।

" जुदाई "

हम दूर नहीं हैं, यह तो सिर्फ
कहने-सुनने की जुदाई हैं,
दिल से हम पास हैं हमारी धड़कने,
एक दूसरे की आवाज हैं,
चाहे तुम सात समुद्र पार हो,
ध्यान से सुनना यह लहरें,
मेरा पैगाम तुम तक हर क्षण पहुँचाती हैं ।

" अमानत "

मुझे तुम्हारा प्यार नहीं मिलेगा,
यह प्यार किसी की अमानत हैं,
मैं कौन होती हूँ, इसे छूनेवाली,
इसे मांगने वाली, यह पाने वाली ।

“ तूफान ”

तुम एक तूफान लेकर,
मेरी जिन्दगी में आए हो,
अब मुझे किनारा नहीं मिल रहा हैं,
न जाने कब यह तूफान थमेगा ?
न जाने कब यह काली रात खत्म होगी
और मुझे सुकून मिलगा ।

“ आहे ”

यह ठंडी सांस लेना,
यह ठंडी आहे भरना,
तुम्हारे नाम से जीना,
तुम्हारे नाम पर मरना,
बड़ी पीड़ा देती हैं
यह बातें ।

" जन्म "

परछाई,साया,
तन्हाई, गम,
तुम, हम,
यह सब होंगे मेरे साथ,
इसके लिए-
यह जन्म भी है कम,
मिलेंगे तुमसे जन्म जन्म ।

“ दस्तक ”

न जाने, क्यों ?
तुम बार-बार आकर
दस्तक दे जाते हो,
जानते हो
बन्द दरवाजा
कभी न खुलेगा,
तुम तो
खुले दरवाजे, पर भी,
दस्तक देते हो,
यह जाने बिना की दरवाजा खुला हैं,
या बन्द ?

“ अन्तर ”

मेरी परछाई
तुम्हारी परछाई
बन गई हैं,
कुछ भी अन्तर
नजर नहीं आता,
लगता है, तुम्हारा साया
मेरा- पीछा करता रहता हैं,
और,
तुम मेरी जिन्दगी
की हर धड़कन में,
समाते जा रहे हो ।

“ धडकन ”

तुम जानो
तुम्हारे दिल में क्या हैं ?
मेरा दिल तो
हर पल
तुम्हारे नाम से
धड़कता हैं ।

" प्रतिक्षा "

अगर हमारी चाहत
रूहानी हैं,
अगर हमारा प्यार पवित्र हैं,
तो अगले जन्म क्या ?
हर जन्म में
इन्तजार रहेगा,
जरूर मिलन होगा
उस मिलन का
मैं अभी से इकरार करती हूँ
मैं तुम्हारी प्रतीक्षा करूंगी ।

" सिर्फ मेरे "

जब तक दुनियाँ रहे,
यह चाँद तारे सूरज की किरणे रहे,
यह फूल-कलिया यह हवा-फ़िज़ा रहे,
तुम मेरे रहो,
सिर्फ मेरे रहो,
कभी मत भूलना,
यह वायदा निभाना हैं तुमको ।

" साथ "

यह कैसी उदासी हैं
जो हर तरफ छाई हैं,
हम दूर नहीं दिल से,
बस, नैनों की दूरी हैं,
कहने को जुदाई हैं
दिखाने को दूरी हैं,
हर पल तो तुम साथ हो,
हर लम्हा तुम मेरे पास हो,
यह कैसी जुदाई हैं ?

" आदत से मजबूर "

वह नवपट ओढ़े
पार पर खड़े, कपाट खोले
निहार रहा था, जैसे-
पुकार रहा था, वह बहुरूपिया भ्रमर,
तन से प्रीति थी, न जाने कितनों से प्रीति थी,
मुझसे प्रीति थी, उससे प्रीति थी,
मुझे तड़पाकर, तरसा कर,
तू पास के कुंजन में जाए
यह बात मेरे मन को तड़पा जाए,
आ मेरे बहुरूपिया भ्रमर
मुझसे तू लिपट जा, बस एक बार आ जा
मुझे कब से इन्तजार है, बस एक बार आ जा ।

“ आलिंगन ”

तुम आ जाओ
मुझ में समा जाओ,
मुझे-
चाँद या सूरज
कुछ नहीं चाहिए,
सिर्फ और सिर्फ,
तुम्हारा आलिंगन चाहिए ।

“ मंजिल ”

तुम मुझे कब समझोंगे
कई जन्म बीत गए
तुम्हें यह समझाते हुए
कि- तुम- मैं- हो
और मैं- तुम- हो,
कभी दीया और बाती भी अलग हुए,
कभी सागर और लहरें भी अलग हुए,
कभी फूल और खुशबू भी अलग हुए,
कभी राही और राहें भी अलग हुए,
तुम तो मेरी मंजिल हो लेकिन,
अफसोस है, कि, शायद तुम,
आज तक यह नहीं समझ पाए,
कि, तुम्हारी मंजिल तुम्हारे कितने पास है ।

" वफा "

तुम शायद, वाकिफ नहीं हो
मेरी वफा से,
तुम शायद, कर रहे हो गिला,
मेरी वफा से,
तुम्हें न कभी मैंने
दर्दे गम दिया,
न रंजो-गम दिया
बस- लिया तो, आंसुओं का प्याला लिया,
होंठों की हँसी दी,
अधरों की मुस्कान दी ।

" सामिप्य "

यह दूरी
मुझसे सहन न होगी,
तुम्हारे बिना,
यह रातें
अधूरी ही रहेंगी,
तुम्हारे बिना,
तुम लौट आओ
तुम्हारे सामिप्य में ही- ,
मुझे,
हर सुख की अनुभूति होती हैं ।

" मेरे पिया "

आओ,
मेरे पास बैठो
मेरे पिया,
तुम्हें, मेरा रोम-रोम बुलाता है,
तुम्हें, मेरी हर सांस पुकारती है,
अब ओर रहा नहीं जाता,
यह हवा के झोंके
मेरे आँचल को उड़ा ले जाते हैं,
तुम आओ, इन हवाओं को चीरते हुए,
मेरे आँचल को समटते हुए,
मेरे पास आ भी जाओ,
आ भी जाओ ।

" सजा "

ओ ! मेरे जन्म-जन्म के साथी,
मैंने तुझे हर जन्म में पाया,
फिर क्यों, तूने मुझे
इस जन्म में तड़पाया,
ऐसी क्या खता हुई ?
जो तुमने मुझे
जुदाई की सजा दी ।

“ सुबह-शाम ”

तेरा जाना-
जाकर, फिर लौट आना,
यह बार-बार
आना-जाना,
मेरी सुबह-शाम का
यूँ जल्द से जल्द ढलना,
कब खत्म हो गया,
यह सब-
मालूम ही नहीं चला ।

“ भावना ”

मन की भावना, मैं लिख डालूँ,
मगर डरती हूँ, जमाने से,
कहीं वह कुछ का कुछ ना समझ बैठे ?
भँवरे को नर,
कली को नारी ना समझ बैठे ?
शम्मा को दर्दी
परवानों को दर्द ना समझ बैठे ?
रात को दिन,
दिन को रात ना समझ बैठे ?

" साँस "

मेरी हर सांस में तुम ही बसे
मेरे रोम-रोम में तुम ही तुम बसे ।
फूल में सुगन्ध हो तुम,
आत्मा में शरीर हो तुम,
चाँद में चाँदनी हो तुम,
सूरज में रौशनी हो तुम,
मेरे जीवन की पूजा हो तुम,
मेरी हर सांस में तुम ही बसे ।

" अधूरी "

डर लगता है मुझे-
कहीं नजर न लग जाए
हमारे प्यार को,
वह प्यार,
जो मुझे बरसों की तपस्या के बाद मिला,
अपना सर्वस्व खोने के बाद मिला,
तुम न बदल जाना- ऐ मेरे साथी,
तुम पर ही निर्भर हैं-
मेरा प्यार,
तुम्हारे प्यार बिना
अधूरी है मेरी जिन्दगी ।

" मेरे लिए "

क्या तुम कभी मेरे बन पाओगे,
सिर्फ मेरे, सिर्फ मेरे,
और, सिर्फ मेरे,
मैं इंतजार करूंगी, जन्म-जन्म तक,
उस जन्म तक, जब तुम मेरे लिए जन्म लोगे,
सिर्फ मेरे लिए, सिर्फ मेरे लिए,
ओर, सिर्फ मेरे लिए ।

" अरमाँ "

नीले गगन के तले
मेरा प्यार पनपा था,
किसी को क्या-
मुझे भी
कानों-कान खबर न हुई,
कब यह सपना टूटा,
अरमाँ बिखर गए,
कब- कैसे- यह- सब हुआ ?
तोड़ने वाला भी न जाने
कहाँ खो गया ?

" जगमगा "

मैं वह पत्थर हूँ जिसे तुमने
मूरत बना डाला,
मैं वह कांच हूँ जिसे तुमने
हीरा बना डाला,
मैं वह पीतल हूँ जिसे तुमने
सोना बना डाला,
मैं वह बुझा चिराग हूँ जिसे तुमने
फिर से रोशन कर डाला ।

" तुम्हारा आईना "

तुम मेरा आईना हो
या फिर
मैं तुम्हारा आईना हूँ,
मेरा रोना
मेरा हँसना
तुम्हारी आँखों
तुम्हारी मुस्कान पर
दिखता हैं मुझे ।

" सिमटना "

नई-नई दुनिया लगती है,
तुम्हारी छुअन
बेचैन कर जाती है,
तुम्हारा आईना देखना
और मुस्कुराना,
तुम्हारा धीमे से
कानों में कुछ कह जाना
शर्म से आँखों का झुकना
तुम्हारे लबों का सिकुड़ना,
और,
सौंदर्य का अपने में सिमट जाना ।

" यादें "

वह सबसे छिपकर
तुम्हें याद करना,
रोना-सिसकना
तुम्हारी याद में,
होंठों का सिकुड़ना
आँखों का बहना
आहों का मरना,
यह यादें भी
मीठी-मीठी होती हैं
वक्त-यादों से लिपटा
पास आकर
रुक जाता है ।

" इजहार "

न जाने कब-लिख दिया,
ओर कब तक
लिखती ही रहूँगी,
मगर- तुम अभी तक
नहीं पढ़ पाए,
मालूम नहीं कब पढ़ोगे,
या-
फिर पढ़ना ही न चाहोगे
मेरे प्यार का इजहार ।

" आकर्षित "

तेरा प्यार
श्रद्धा से भरा,
स्वच्छ -स्वर
लिए,
मौन धारण किए
खामोश नयनों से
बोलता था,
अपनी ओर
आकर्षित करता
था,
अब कहाँ ढूँढ़ू उसे ?

" खिवैया "

जीवन,
तुम्हें सौंपा था,
तुम्हीं खिवैया, तुमही पतवार,
तुम्हीं को बनाया नैया था,
मगर तुम तो-
बीच मंझधार में ही-
-छोड़कर चले गए,
किसी की वफ़ा को बेवफ़ाई,
और-
किसी की बेवफ़ाई को वफ़ा
समझ कर चले गये ।

" हसरत "

अब तो कफन ओढूँ,
क्योंकी-
तुम पास हो, तुम्हीं मुझे,
कफन ओढ़ाओ,
लाल-चूड़िया पहनाओ,
मुझे दुल्हन बनाओ,
और अपने ही कांधे पर,
मेरी डोली उठाकर
मुझे मंजिल तक पहुचाओ,
क्या यह हसरत
तुम मेरी पूरी करोगे ?
तभी मेरी आत्मा शांत होगी ।

" जाम "

मुझे मालूम था-
तुम आओगे जरूर, मेरी जिन्दगी में,
तुम जाने बिना न रह पाओगे,
वह आंसुओं का जाम,
जो मुस्कुराहट की बोतल में बंद था,
क्यों-
मैंने उसे बन्द ही रखा था ?

" भँवर "

यह प्यार मेरी जिन्दगी में तूफान ले आएगा,
मैं जानती हूँ कि मैं भँवर में फंस जाऊँगी,
मगर फिर भी उस तूफान को आते-देखते हुए भी,
उस भँवर की ओर बढ़ती ही चली जाती हूँ,
बढ़ती ही चली जाती हूँ ।

“ ज़हर ”

यह आज मैंने क्या कह दिया ?
यह आज तुमने क्या सुन लिया ?
तुम्हारे प्यार ने मुझे,
क्या से क्या बना दिया,
इतना ज़हर मैंने कैसे पी लिया ?

" कशिश "

आखिर क्यों तुम मेरी
जिन्दगी में आए ?
आखिर क्यों तुमने
मेरे सोऐ अरमान जगाए ?
आखिर क्यों मेरे
कदम, रुकना चाहकर भी
नहीं रुक पाए,
वह क्या कशिश है
जो तुम्हें
मेरी ओर खींचे जा रही है,
वह क्या कशिश है
जो मुझे
तुम्हारी ओर खींचे
जा रही है ?

" अन्जान "

यह प्यार मुझे
कहा ले जाऐगा ?
मालूम नहीं
मैं किस अन्जान
रास्ते पर चल पड़ी हूँ,
हाँ-
इतना जरूर जानती हूँ,
की-
इसकी कोई मंजिल नहीं
जानते हुए भी क्यों
चलती जा रही हूँ,
मालूम नहीं ।

" छलनी "

तुम्हारा छुप-छुपकर ताकना
मुझे छलनी कर देता है,
मैं कैसे अपने
जख्म दिखाऊँ ?

" प्यासी "

जन्म-जन्मांतर
की प्यासी हूँ,
चकवी हूँ-
किनारे पर खड़ी हूँ,
फिर भी
प्यासी हूँ,
प्यास बुझाना चाहती हूँ,
मगर-
चाहत से क्या होता हैं,
प्यासी नजरों से
प्रियतम को
ताकती हूँ ।

" हमसफर "

मुझसे हमदर्दी मत करो
मुझसे प्यार मत करो
तुम मेरे हमसफर नहीं हो
मेरा रास्ता छोड़ दो,
हमारी मंजिल एक नहीं हैं ।

" जह्न "

तुम मेरे जह्न में
समा रहे हो,
या समा गए हो,
अब तो तुम मेरी साँसों में
भी बस गए हो,
रोम-रोम से तुम्हारे
ही बदन की
खुशबू आती है,
क्यों- तुम मुझे
बार-बार
अपनी ओर बुलाते हो ?

" अरमान "

मेरे बालों में
ऊँगालिया मत घुमाओ,
मेरे सोऐ अरमान
मत जगाओ,
मेरे अधरों के
नजदीक मत आओ
मेरे सोऐ अरमान
मत जगाओ ।

" हरदम "

चले जाओ
मुझे छोड़कर
बहुत दूर चले जाओ,
यह तुम्हारा साया
मेरा पीछा
नहीं छोड़ता है,
में इसे कैसे
दूर भेजूँ
यह तो हरदम
मुझसे
लिपटा रहता है ।

“ आरज़ु ”

यह ठंडी सांस लेना,
यह ठंडी आह भरना,
तुम्हारे नाम से जीना,
तुम्हारे नाम पर मरना,
मेरी जिन्दगी की
आरजू बन गया है ।

" हर पल "

ऐसा क्या हो गया
जो तुम, हर लम्हा,
हर पल,
मुझे-
छूकर जाते हो ।

“ तन्हाईयों ”

अक्सर,
ऐसा हुआ है,
तुम और मेरा साया
मुझे एक ही बात
कहते हो,
मेरी तन्हाईयों में
तुम आन बसे हो,
अब मैं अपने
साए से क्या कहूँ ।

" सपना "

मेरी जिन्दगी तो
भँवर में
हिचकोले खा रही थी,
तुमने पतवार पकड़ी-
एहसास हुआ-
किनारा मिल जाऐगा
कहीं यह सपना,
टूट न जाए,
डरती हूँ ।

“ तुम ”

हर सांस में
तुम्हारा ही नाम
बसा है,
पल-पल की आरज़ू में
हर सांस से पहले
तुम्हारा ही नाम
आता है ।

“ कदम ”

मेरे रुके कदम,
तुम्हारे कदमों से कदम
मिलाकर,
चलना चाहते हैं,
फिर बढ़ते कदम
रुक जाते हैं,
दुनियाँ- रोक देती है,
इन कदमों को,
और
फिर एक दिन
अचानक !
मानोगे तुम ?
मेरे अपने सपनों का
आईना ही टूट जाता है ।

“ परिक्रमा ”

जैसे धरती
सूरज की परिक्रमा
करती है,
ऐसे ही मेरा साया
तुम्हारे आस-पास
रहता होगा,
क्या तुम्हें
कभी महसूस हुआ ?
या -
तुमने कभी महसूस किया....
......बताओ ?

" पैगाम "

यह मौसम,
यह हवाएं,
तुम्हारा पैगाम
लाती हैं,
मुझे छूकर
जाती हैं,
क्या यह हवाएं
तुम्हारे पास
आती हैं ?
मुझे छूकर
मैरा पैगाम
तुम तक
पहूँचाती हैं ?

“ अतृप्त ”

आज बहुत जी चाहा,
तुमसे लिपट जाने को,
तुम्हारे सीने पर सर रखकर
सो जाने को,
तुम मेरे बालों में,
ऊँगलियाँ घुमाओ,
मेरे अधरों को चूमो,
मेरे नयनों को देखो,
मुझे अपने सीने से लगाओ,
बहुत जी चाहा,
तुम में समा जाने को ।

“ छाया ”

हम, तुम्हारी जिन्दगी में,
फूल न सही
खुशबू न सही,
कांटा बनकर
तो रहेंगे,
शुल बनकर
तो चुभेंगें,
यह चुभन
यह टीस,
हर दम, हर पल,
मेरी याद- न सही,
तुम्हारे साथ
छाया बनकर तो रहेगी ।

" आ... जाओ "

हर फूल की पंखुड़ी में,
हर ओस की बूंद में,
तुम्हें ढूंढती हूँ,
बस, तुम्हें ढूंढती हूँ,
आ.....जाओ-
दम निकलने से पहले
आ.....जाओ ।

" क्यों "

क्यों, छूकर
एक कली को मसल
देते हो,
क्यों नाजुक कली
की खुश्बू
को जकड़
लेते हो,
क्यों...... ।

“ जिन्दगी ”

क्या सिर्फ दर्द ही
मेरी जिन्दगी है,
क्या सिर्फ गम ही
मेरी जिन्दगी है,
क्या सिर्फ इन्तजार ही
मेरी जिन्दगी है ।

“ खुश्बू ”

हवा का हर झोंका,
तुम्हारे बदन की खुश्बू लाता है,
ऐसा लगता है,
जैसे-
तुम्हारे बदन को
छूकर आता है ।

" आहे "

मुझको यकीन है,
तुम मुझे
रोज,
चाँद में
ढूंढते हो,
तारों को मिलते हो,
करवटें बदलते हो,
दर्द की आहें
भरते हो ।

" जन्म "

ऐसी- प्यासी आँखों से-
मत छूओ,
डरती हूँ
कहीं तुम
ऐसा जख्म
न-दे-दो,
जो रिसता ही रहे ।

“ भ्रम ”

तुम मेरे थे,
मेरे हो,
तुम्हें,
मैं पाकर ही रहूँगा,
जानती हूँ,
पाना और खोना
भ्रम है,
फिर भी-
तुम मेरे हो,
तुम्हें
मैं पाकर ही रहूँगी ।

" बनवास "

तुम जो आए
मेरी जिन्दगी में,
बहारें आ गई,
जिन्दगी बन गई खुशनुमा
चारों ओर से,
अब न
पतझड़ देकर जाना,
मैंने तो
जन्म-जन्म का
बनवास काटा है,
तुम्हें पाने के लिए,
तुम्हारे साथ मुस्कुराने के लिए,
तुम जो आए,
मुस्कुराहट लेकर
मेरी जिन्दगी में
अब छोड़कर न जाना,
मेरे लब पर मुस्कुराए
बस नाम तुम्हारा
यह विश्वास देकर जाना ।

" माँग "

आज,
मैंने,
तुमसे,
कुछ ऐसा- तो नहीं मांग लिया,
जो तुम इकरार तो कर बैठे,
इन्कार करते-करते,
आज मैंने तुमसे
तुमको ही मांग लिया है,
क्या कुछ ज्यादा तो नहीं
यह मांग मेरी,
या- कुछ,
गल्त तो नहीं यह मांग मेरी,
अगर- हंसते-हंसते दे पाओ
तो मेरे होंठों की हँसी
मानेगी एहसान तेरा ।

" हल्कापन "

आज,
कितना हल्कापन
महसूस कर रही हूँ,
यह शरीर,
यह दिल-दिमाग,
सब जैसे-
इसी हाँ के इन्तजार में थे,
अब सिर्फ
उस सुबह का इन्तजार है,
जब यह हाँ-
सपना नहीं,
साकार होगी ।

“ इन्तजार ”

तुम्हें न पाकर
हैरान, परेशान-सी
झुमती हूँ,
हर आहट पर
तुम आओगे
इसी इन्तजार में तो
पल-पल जी रही हूँ ।

" वादा "

इस जन्म न मिले,
अगले जन्म
मिलने का वादा तो
किया होता,
शायद-
इसी भरोसे
जिन्दगी गुजर जाती,
हँसते-हँसते
मौत को गले लगाने
आँखों में
अगले जन्म की आस लिए ।

www.ingramcontent.com/pod-product-compliance
Lightning Source LLC
LaVergne TN
LVHW021146160826
845679LV00024B/2074

* 9 7 9 8 8 9 7 2 4 2 2 5 2 *